# 丝绸之路经济带沿线国家继承法

邓社民 等 译

本丛书得到新疆大学2022年双一流项目和部区合建项目—中亚国家法律文本翻译与研究项目与新疆大学2023年双一流项目和部区合建项目—西北边疆治理与文献研究中心项目（23XB04）以及2023年新疆维吾尔自治区武汉大学小组团援疆项目的大力资助

INHERITANCE LAW

法律出版社 LAW PRESS·CHINA
北京

图书在版编目(CIP)数据

丝绸之路经济带沿线国家继承法 / 邓社民等译. --北京:法律出版社,2025
(丝绸之路经济带沿线国家法律译丛)
ISBN 978 - 7 - 5197 - 9056 - 1

Ⅰ.①丝… Ⅱ.①邓… Ⅲ.①继承法－研究－世界 Ⅳ.①D913.504

中国国家版本馆 CIP 数据核字(2024)第 082050 号

| 丝绸之路经济带沿线国家法律译丛 | 丝绸之路经济带沿线国家继承法<br>SICHOU ZHI LU JINGJIDAI YANXIAN GUOJIA JICHENGFA | 邓社民 等 译 | 策划编辑 田 浩<br>责任编辑 田 浩<br>装帧设计 汪奇峰 |

出版发行 法律出版社　　　　　　　　开本　710 毫米×1000 毫米　1/16
编辑统筹 法商出版分社　　　　　　　印张　9.75　　字数　135 千
责任校对 裴 黎　　　　　　　　　　版本　2025 年 8 月第 1 版
责任印制 胡晓雅　　　　　　　　　　印次　2025 年 8 月第 1 次印刷
经　　销 新华书店　　　　　　　　　印刷　中煤(北京)印务有限公司

地址:北京市丰台区莲花池西里 7 号(100073)
网址:www.lawpress.com.cn　　　　　　销售电话:010 - 83938349
投稿邮箱:info@ lawpress.com.cn　　　　客服电话:010 - 83938350
举报盗版邮箱:jbwq@ lawpress.com.cn　　咨询电话:010 - 63939796
版权所有·侵权必究

书号:ISBN 978 - 7 - 5197 - 9056 - 1　　　　定价:46.00 元
凡购买本社图书,如有印装错误,我社负责退换。电话:010 - 83938349

# 丝绸之路经济带沿线国家法律译丛
# 编委会

主 编

邓社民（负责整套译丛的翻译和校对工作）

**参与翻译的人员**

周盛杰　舒雅洁　刁同文　李　艳　刘　鹤
王　静　张雯婕　李世杰　武文杰　石浩东
李越一　刘卿宇　魏　芳　王语嫣　张源洁
王妮可　王　欣　王　嘉　李　露　陆梦媛

# 目 录
## Contents

**第一部分　《哈萨克斯坦共和国民法典》继承法编**……………（1）

 **第六编　继承法**………………………………………………（1）

  第五十七章　继承的一般规定………………………………（1）

  第五十八章　遗嘱继承………………………………………（4）

  第五十九章　法定继承………………………………………（11）

  第六十章　遗产的取得………………………………………（14）

**第二部分　《吉尔吉斯共和国民法典》继承法编**………………（21）

 **第六编　继承法**………………………………………………（21）

  第六十章　继承的一般规定…………………………………（21）

  第六十一章　遗嘱继承………………………………………（24）

  第六十二章　法定继承………………………………………（29）

  第六十三章　遗产的取得……………………………………（33）

**第三部分　《塔吉克斯坦共和国民法典》继承法编**……………（38）

 **第六编　继承法**………………………………………………（39）

  第五十八章　继承的一般规定………………………………（39）

  第五十九章　遗嘱继承………………………………………（42）

  第六十章　法定继承 …………………………………………… (48)
  第六十一章　接受继承和放弃继承 …………………………… (51)
  第六十二章　继承财产的保护 ………………………………… (55)

## 第四部分　《土库曼斯坦民法典》继承法编 ……………… (56)
 第五编　继承法 ………………………………………………… (57)
  第一章　一般规定 ……………………………………………… (57)
  第二章　法定继承 ……………………………………………… (60)
  第三章　遗嘱继承 ……………………………………………… (62)
  第四章　遗嘱的形式 …………………………………………… (64)
  第五章　继承人的再指定 ……………………………………… (66)
  第六章　必留份 ………………………………………………… (66)
  第七章　遗赠 …………………………………………………… (68)
  第八章　遗嘱的变更或撤销 …………………………………… (70)
  第九章　遗嘱的执行 …………………………………………… (72)
  第十章　接受继承和放弃继承 ………………………………… (73)
  第十一章　遗产的分割 ………………………………………… (77)
  第十二章　继承人对债权人的清偿 …………………………… (82)
  第十三章　遗产的保护 ………………………………………… (83)
  第十四章　继承权证明书 ……………………………………… (84)

## 第五部分　《乌兹别克斯坦共和国民法典》继承法编 ………… (85)
 第五编　继承法 ………………………………………………… (85)
  第六十六章　继承的一般规定 ………………………………… (85)
  第六十七章　遗嘱继承 ………………………………………… (87)
  第六十八章　法定继承 ………………………………………… (93)
  第六十九章　遗产的取得 ……………………………………… (96)

## 第六部分　《乌克兰民法典》继承法编 ……………………………… (101)

### 第六编　继承法 ………………………………………………… (102)

第八十四章　继承的一般规定 ……………………………… (102)

第八十五章　遗嘱继承 ……………………………………… (106)

第八十六章　法定继承 ……………………………………… (112)

第八十七章　继承权的行使 ………………………………… (115)

第八十八章　遗嘱的执行 …………………………………… (120)

第八十九章　继承权的确定 ………………………………… (122)

第九十章　继承协议 ………………………………………… (123)

## 第七部分　《白俄罗斯共和国民法典》继承法编 ……………… (125)

### 第六编　继承法 ………………………………………………… (126)

第六十九章　继承的一般规定 ……………………………… (126)

第七十章　遗嘱继承 ………………………………………… (129)

第七十一章　法定继承 ……………………………………… (137)

第七十二章　遗产的取得 …………………………………… (142)

第七十三章　特定种类财产的继承 ………………………… (149)

# 第一部分 《哈萨克斯坦共和国民法典》继承法编

《哈萨克斯坦共和国民法典》继承法部分1994年12月27日经哈萨克斯坦共和国最高委员会（269-XII）通过，1995年3月23日生效。1997年至2023年先后修改了147次。此文本根据2023年3月3日修改的文本翻译而成。

## 目 录

第六编 继承法

　　第五十七章 继承的一般规定

　　第五十八章 遗嘱继承

　　第五十九章 法定继承

　　第六十章 遗产的取得

# 第六编 继 承 法

## 第五十七章 继承的一般规定

**第一千零三十八条 继承**

1. 继承是指将死者（被继承人）的财产转移给另一人（继承人）。

2. 死者的遗产在一般的权利继受条件下作为一个整体且同时转移给他人，本编另有规定的除外。

**第一千零三十九条　继承的依据**

1. 继承依据遗嘱和（或）法律进行。

2. 没有遗嘱的，或遗嘱没有确定全部遗产的分配的，或本法典另有规定的，进行法定继承。

**第一千零四十条　遗产的构成**

1. 遗产包括被继承人拥有的财产及其权利和义务，这些权利和义务不因其死亡而终止。

继承还可以包括被继承人生前未办理的确认财产权所必需的权利，包括登记权。

2. 下列与被继承人的人身不可分割的权利和义务不纳入遗产的构成：

（1）法人组织中的成员权，法律另有规定或协议另有约定的除外；

（2）获得生命或健康损害赔偿的权利；

（3）赡养之债的权利和义务；

（4）根据《哈萨克斯坦共和国劳动法》和《哈萨克斯坦共和国社会保护法》享有养老金、津贴和其他福利的权利；

（5）与财产权无关的人身权，法律另有规定的除外。

3. 被继承人的人身权和其他非物质利益可以由继承人行使和保护。

**第一千零四十一条　共同共有财产的继承**

1. 共同共有人的死亡是根据本法典第二百一十八条规定的程序确定其在共有财产中的份额、共有财产的分割或从共有财产中分出死亡共有人的份额的基础。在这种情况下，遗产应当为死亡共有人对共有财产的份额；在无法进行实物分割的情况下，继承人继承该份额的价值。

2. 共同共有人有权以遗嘱处分根据本条第一款的规定确定的在其死后自己在共有财产中的份额。

## 第一千零四十二条　继承的开始

1. 继承自公民死亡或被法院宣告死亡时开始。

2. 继承开始的时间为被继承人死亡之日，被继承人被宣告死亡的，继承开始的时间为法院宣告其死亡的判决生效之日，判决另有说明的除外。

3. 互有继承权的人在同一日死亡的，视为同时死亡且继承在所有人死亡后开始，每个人的继承人均参加继承。

## 第一千零四十三条　继承开始地

继承开始地是指被继承人的最后住所地，被继承人的最后住所地不明的，继承开始地为被继承人所有的不动产或其主要部分的所在地。

## 第一千零四十四条　继承人

1. 继承开始时在世的公民，以及在被继承人生前受孕而在继承开始后出生时为活体的公民均可成为遗嘱继承人和法定继承人。

2. 继承开始前设立并且在继承开始时存在的法人和国家可以成为遗嘱继承人。

## 第一千零四十五条　排除不适格继承人的继承

1. 故意或企图剥夺被继承人或任何可能的继承人生命的人，无权进行遗嘱继承或法定继承。遗嘱人在该人企图剥夺其生命后订立遗嘱的除外。

2. 故意妨碍被继承人遗愿以促成本人或与其亲近的人参加继承或增加其继承份额的人，无权根据遗嘱或法律继承。

3. 被剥夺对子女的亲权且在继承开始时没有恢复该权利的父母，以及逃避履行依法承担的照顾被继承人的法定义务的父母（养父母）和成年子女（养子女）无权根据法律继承。

4. 由法院确定排除不适格继承人继承的情形。

4-1. 根据本条规定没有继承权或被从继承中排除的人（不适格继承人）有义务返还其不当取得的遗产中的全部财产。

无法返还继承的财产的，不适格继承人应当按照其市场价值给予补偿。

5. 本条规定也适用于遗赠（本法典第一千零五十七条）。

如果遗赠的标的是为不适格受遗赠人完成特定的工作或向其提供特定的服务，则受遗赠人应当补偿执行遗赠的继承人为完成工作或提供服务所支付的费用。

6. 本条规定适用于所有继承人，包括有权获得遗产必留份的继承人。

## 第五十八章　遗　嘱　继　承

### 第一千零四十六条　一般规定

1. 遗嘱是指公民在其死亡时处分其所拥有的财产的意思表示。

1-1. 遗嘱由立遗嘱时具有完全行为能力的公民订立。

2. 公民可以通过遗嘱将其全部或部分财产指定给一人或数人继承，可以是法定继承人或非法定继承人，也可以是法人或国家。

3. 遗嘱应当由本人订立，不得通过代理人订立遗嘱。

4. 遗嘱人有权依法无故剥夺一个、数个或所有法定继承人的继承权。除非遗嘱另有规定，依法剥夺继承人的继承权不适用于其代位权继承的后代。

5. 被继承人有权订立含有自己任何财产的遗嘱，包括其未来可能获得的财产。

遗嘱人可以以任何方式确定继承人在遗产中的份额，订立一份或数份涉及不同财产的遗嘱以处分自己的财产或其任何部分。

6. 被继承人在立遗嘱后随时撤销和修改已订立的遗嘱，无需说明撤销或修改的理由。

7. 被继承人无权要求遗嘱中指定的继承人有义务以特定方式处分在其死亡时的被遗嘱的财产。

### 第一千零四十七条　附条件的遗嘱

1. 遗嘱人有权决定以继承人行为的性质为条件取得继承权。

2. 包含指定继承人或剥夺继承权的决定的非法条件无效。

3. 由于继承人的健康状况或其他客观原因无法成就遗嘱中的条件，可以经继承人提起诉讼认定无效。

**第一千零四十八条　继承人的再指定**

1. 遗嘱人可以在遗嘱中指定的继承人在继承开始前死亡时拒绝接受或放弃继承,或根据本法典第一千零四十五条规定的程序排除不适格继承人的继承,以及在继承人未根据遗嘱完成被继承人的合法条件时,指定另一个继承人(继承人的指定)。

2. 任何根据本法典第一千零四十四条的规定有资格成为继承人的人均可被再指定为继承人。

3. 不允许以不利于再次指定继承人的方式拒绝遗嘱继承人。

**第一千零四十九条　遗嘱未处分的财产部分的继承**

1. 遗嘱未处分的财产以本法典第一千零六十一条至第一千零六十四条规定的程序分配给法定继承人。

2. 这些继承人包括已经依据遗嘱继承财产其他部分的法定继承人。

**第一千零五十条　遗嘱形式的一般规定**

1. 遗嘱应当以书面形式订立并经公证证明,注明订立的地点、日期和时间。

2. 正式的遗嘱包括:

(1) 经公证的遗嘱;

(2) 相当于经公证的遗嘱。

3. 遗嘱应当由遗嘱人亲笔签名。

如果遗嘱人由于身体缺陷、疾病或文盲而不能亲自在遗嘱上签名,则可以依据其请求在公证员或其他证明遗嘱的公民在场的情况下由其他公民代签,但须指明遗嘱人不能亲笔签名的原因。

4. 根据本法典应当在见证人在场的情况下订立、签名或证明遗嘱的,下列人员不得作为见证人,也不得代替遗嘱人在遗嘱上签名:

(1) 公证员或其他证明遗嘱的人;

(2) 遗嘱受益人或受遗赠人,其配偶、子女、父母、孙子女和曾孙子女以及遗嘱人的法定继承人;

（3）不具有完全行为能力的公民；

（4）文盲和其他无能力阅读遗嘱的人；

（5）有作伪证前科的人。

**第一千零五十一条　公证遗嘱**

1. 公证遗嘱应当由遗嘱人本人书写，或在见证人在场的情况下由公证员依照遗嘱人口述书写。公证员依照遗嘱人口述书写遗嘱时，可以使用被普遍接受的技术设备（打字机、个人电脑等）。

2. 公证员依照遗嘱人口述书写的遗嘱，遗嘱人在遗嘱上签名前，应当在公证员和见证人在场的情况下完整阅读。

遗嘱人因身体缺陷、疾病或文盲不能自己阅读遗嘱的，应当在公证员在场的情况下由见证人为其宣读遗嘱文本，在遗嘱中应当就此作出相应记载，并说明遗嘱人不能亲自阅读遗嘱的原因。

3. 如果公证遗嘱在见证人在场的情况下订立，则在遗嘱中应当指明见证人的姓名和经常居住地。遗嘱中还应当包括代替遗嘱人在遗嘱上签名人的相关信息。

4. 依据遗嘱人的意愿，可以由公证员在未知悉遗嘱内容的情况下证明遗嘱（秘密遗嘱）。

为避免秘密遗嘱无效，应当由遗嘱人亲笔书写并签名，在两名见证人和公证员在场的情况下密封在信封中，并由见证人和公证员在信封上签名。见证人签名的信封应当在见证人和公证员在场的情况下密封在另一信封中，在该另一信封上由公证员签名。

4-1. 在提交订立秘密遗嘱的人的死亡证明或死亡通知后，公证员应当自提交死亡证明或死亡通知之日起十日内，在至少两名见证人和希望在场的法定继承人中的利害关系人在场的情况下，开启遗嘱信封。开启信封后，公证员应立即宣读信封中的遗嘱全文，之后公证员须制作证明开启装有遗嘱的信封和包含遗嘱全文的笔录，并与见证人一起在笔录上签名。遗嘱原件应由公证员保管。继承人应得到一份经公证的笔录副本。

5. 居住在没有公证员的居民点的人的遗嘱由法律授权进行公证的公职人员证明。

### 第一千零五十二条  准公证遗嘱

1. 下列遗嘱是准公证遗嘱：

（1）在医院、疗养院和其他预防医疗机构中治疗的公民经该机构的主任医师和值班医生证明的遗嘱，以及居住在医疗社会机构（组织）的老年人和残疾人经该机构（组织）的负责人或主任医师证明的遗嘱；

（2）在军队医院、疗养院和其他军事医疗机构接受治疗的军人和其他人员经该医院、疗养院和其他军事医疗机构的院长、副院长、主任医师和值班医生证明的遗嘱；

（3）正在航行的悬挂哈萨克斯坦共和国国旗的海船或内陆船只上的公民经该船只船长证明的遗嘱；

（4）在探险队或考察队的公民经该探险队或考察队长证明的遗嘱；

（5）在没有公证员或授权进行公证的公职人员的武装部队驻地、军队、机构和军事教育院校的军人，以及在这些单位从事文职工作的人员及其家庭成员、军人的家庭成员经该武装部队驻地、军队、机构和军事教育院校的指挥官（负责人）证明的遗嘱；

（6）在被剥夺自由场所的人经该剥夺自由场所的负责人证明的遗嘱。

2. 本条第一款所列遗嘱应当由遗嘱人在见证人在场的情况下签名，见证人也应当在遗嘱上签名。

本条第一款所列的公职人员应当根据公证员法将一份经证明的遗嘱提交至公证员保管。

在其他情况下，本法典第一千零五十一条的规定相应地适用于该类遗嘱，但遗嘱须经公证的除外。

### 第一千零五十三条  遗嘱的撤销和变更

1. 遗嘱人有权在任何时间撤销或变更其订立的遗嘱。

2. 可以通过下列方式撤销遗嘱：

（1）向公证处申请撤销其先前订立的全部遗嘱；

（2）订立新的遗嘱。

3. 可以通过下列方式变更遗嘱：

（1）向公证处申请变更其先前订立的遗嘱的某些部分；

（2）订立新的遗嘱以变更先前订立的遗嘱。

4. 先前立下的遗嘱，被后来立下的遗嘱全部或部分撤销的，如果遗嘱人又撤销或修改，则不得恢复。

**第一千零五十四条　遗嘱秘密**

公证员、其他证明遗嘱的人、见证人以及代替遗嘱人签名的公民在继承开始前均无权泄露涉及遗嘱内容及其订立、撤销或变更的信息。

**第一千零五十五条　遗嘱的解释**

在公证员、遗嘱执行人或法院解释遗嘱时，应当考虑遗嘱中所含词语和表达的字面含义。遗嘱的某条款的字面含义不明的，可以通过比较该条款与其他条款以及整个遗嘱的含义查明。

**第一千零五十六条　无效遗嘱**

1. 以不适当形式订立的遗嘱无效。根据本法典第四章关于法律行为无效的规定认定遗嘱无效。

2. 由于遗嘱违反本法典规定的订立、签名和证明程序，应遗嘱无效对其有财产后果的人请求，可以认定遗嘱无效。

在遗嘱订立、签字或者证明时的笔误和技术性轻微违规行为，如果法院认定不影响遗嘱人意愿的理解，不得作为无效的理由。

3. 遗嘱中部分处分内容被认定为无效不影响遗嘱其他部分的效力。

4. 在遗嘱无效的情况下，依据该遗嘱被剥夺继承权的继承人有权根据本法典第一千零六十条规定的程序获得法定继承权。

**第一千零五十七条　遗赠**

1. 遗嘱人有权委托遗嘱继承人为一人或数人利益（受遗赠人）负担任何遗产义务（遗赠），受遗赠人有权请求执行遗赠。

受遗赠人可以是法定继承人，也可以不是法定继承人。

2. 遗赠的标的可以是向受遗赠人转移遗产中的物的所有权、使用权或其他物权，取得和向其移转不属于遗产的财产，为其完成特定的工作，向其提供特定的服务等。

3. 被遗嘱人委托承担遗赠义务的继承人应当在移转给他的遗产的实际价值范围内执行遗赠，并减去被继承人的债务部分。

如果承担遗赠义务的继承人拥有对遗产的必留份，则其执行遗赠的义务仅限于已向其转移的超出必留份的遗产价值。

如果遗赠的义务是由全部或数个继承人承担的，则遗赠的义务由各继承人按照其遗产份额负担，遗嘱另有说明的除外。

4. 住宅、房屋移转继承人的，遗嘱人有权使继承人有义务向他人提供终身使用住宅或住宅特定部分。在住宅所有权随后转让时，终身使用权继续有效。

终身使用权不可剥夺，不得转让，也不得向受遗赠人的继承人转移。

提供给受遗赠人的终身使用权不是其家庭成员居住的理由，除非遗嘱另有规定。

5. 在负有遗赠的继承人死亡或不接受遗产的情况下，遗赠的执行将转移给获得继承人份额的其他继承人，如果财产成为无人继承的财产的，转移给国家执行。

受遗赠人在继承开始前或在继承开始后但遗嘱继承人尚未接受继承时死亡的，遗赠可不被执行。

6. 受遗赠人不承担被继承人的债务。

**第一千零五十八条 委托**

1. 遗嘱人可以委托遗嘱继承人负担实施或不实施某行为的义务，但不赋予任何人作为债权人请求履行该义务的权利。为了实现公益目的，被继承人分配部分财产用于执行委托的，也可以要求遗嘱执行人履行同样的义务。

2. 本法典第一千零五十七条的规定可以适用于以实施某种财产性行为为

标的的委托。

3. 在本法典规定的情形下将有义务执行委托的继承人的继承份额转移给其他继承人的，执行委托的义务终止。

**第一千零五十九条　遗嘱的执行**

1. 遗嘱人可以委托遗嘱中指定的非继承人的人（遗嘱执行人）执行遗嘱。该人通过在遗嘱上的亲笔签名或附于遗嘱的声明同意担任遗嘱执行人。

如果遗嘱中没有指定遗嘱执行人，继承人可以通过协议将遗嘱的执行委托给一个继承人或另一个人。如果未达成此种协议，法院可应一名或多名继承人的请求指定遗嘱执行人。

遗嘱执行人有权在任何时间拒绝履行遗嘱人委托的义务，但须就此提前通知遗嘱继承人。法院可以依据继承人的申请判决解除遗嘱执行人的义务。

2. 遗嘱执行人应当：

（1）保护和管理遗产；

（2）采取一切可能的措施，为所有继承人和受遗赠人的利益通知其继承的开始；

（3）收取被继承人应得的款项；

（4）根据被继承人的意愿和法律向继承人分配其应得的财产；

（5）确保继承人履行委托的遗赠义务（本法典第一千零五十七条）；

（6）执行遗嘱委托或要求遗嘱继承人执行遗嘱委托（本法典第一千零五十八条）；

（7）清理遗产债务。

3. 遗嘱执行人有权以自己的名义参加与遗产管理和遗嘱执行有关的司法和其他事务，也可以被要求参加此类事务。

4. 遗嘱执行人应在清理遗产债务、收取应向被继承人支付的款项和使所有继承人获得继承权所需的合理期限内履行其职能。

5. 遗嘱执行人有权从遗产中获得管理遗产或执行遗嘱的必要费用的补

偿。遗嘱中可以规定以遗产为限向遗嘱执行人支付报酬。

6. 遗嘱执行后，遗嘱执行人有义务依据继承人的请求向其提交报告。

## 第五十九章 法 定 继 承

**第一千零六十条 一般规定**

1. 法定继承人根据本法典第一千零六十一条至第一千零六十四条规定的顺序参加继承。

2. 在法定继承的情况下，被收养人和其后代一方，与收养人和其亲属一方，等同于血亲。

被收养人及其后代在被收养人的亲生父母和其他血亲死亡后不得进行法定继承。

被收养人的亲生父母和其血亲在被收养人及其后代死亡后也不得进行法定继承。

3. 除本法典第一千零七十四条第五款规定的情形外，每个在后顺序的法定继承人只有在在先顺序继承人缺失、丧失继承权、不接受继承或放弃继承的情况下才能取得继承权。

4. 本法典关于通知法定继承人参加继承的次序和其在遗产中份额的大小的规定可以由具有利害关系的继承人在继承开始后签名的经公证证明的协议予以变更。该协议不得涉及未参加该协议的继承人以及拥有必留份权利的继承人的权利。

**第一千零六十一条 第一顺序的法定继承人**

1. 被继承人的子女，包括被继承人死亡后出生的子女，以及被继承人的配偶和父母是第一顺序的法定继承人，取得同等份额的法定继承权。

2. 被继承人的孙子女及其后代代位继承。

**第一千零六十二条 第二顺序的法定继承人**

1. 如果没有第一顺序的法定继承人，被继承人的同父同母兄弟姐妹和同父异母（同母异父）兄弟姐妹及其祖父母和外祖父母是第二顺序的法定继承人，取得同等份额的法定继承权。

2. 被继承人的同父同母和同父异母的兄弟姐妹的子女（被继承人的侄子女和外甥外甥女）代位继承。

**第一千零六十三条　第三顺序的法定继承人**

1. 在没有第一顺序和第二顺序的法定继承人的情况下，被继承人的叔伯姑舅姨是第三顺序的法定继承人，取得同等份额的法定继承权。

2. 被继承人的堂兄弟姐妹和表兄弟姐妹代位继承。

**第一千零六十四条　后列顺序继承人**

1. 如果没有第一顺序、第二顺序和第三顺序的法定继承人，则应依法由被继承人不属于前列顺序继承人的第三顺序、第四顺序和第五顺序的亲属获得继承权。

血亲关系的程度由彼此分离亲属的出生人数确定。被继承人的出生不包含在内。

2. 根据本条第一款的规定进行继承：

血亲的第三顺序亲属，即被继承人的曾祖父母和外曾祖父母是第四顺序继承人；

血亲的第四顺序亲属，即被继承人的侄子女和外甥外甥女的子女（侄孙子女和侄外孙子女）以及祖父母和外祖父母的兄弟姐妹（表祖父母和堂祖父母）是第五顺序继承人；

血亲的第五顺序亲属，即被继承人的侄孙子女和侄外孙子女的子女（侄重孙子女和外侄重孙子女）、表兄弟姐妹和堂兄弟姐妹的子女（表侄子女和堂侄子女）以及表祖父母和堂祖父母的子女（表叔伯姑舅姨和堂叔伯姑舅姨）是第六顺序继承人。

3. 在没有前列顺序继承人的情况下，与被继承人共同生活至少十年的继兄弟姐妹、继子、继女、继父和继母是第七顺序的法定继承人。

**第一千零六十五条　**删除。

**第一千零六十六条　**删除。

**第一千零六十七条　代位继承**

1. 在本法典第一千零六十一条第二款、第一千零六十二条第二款和第一千零六十三条第二款规定的情形下，在继承开始前死亡或与被继承人同时死亡的继承人的份额，转归到其各自的后代且在后代之间平均分配。

2. 在继承开始前死亡或与被继承人同时死亡，且根据本法典第一千零四十五条无权继承的继承人的后代不得代位继承。

**第一千零六十八条　被继承人供养的无劳动能力人的继承**

1. 属于本法典第一千零六十二条、第一千零六十三条和第一千零六十四条规定的法定继承人范围但又不属于参加继承顺序的公民，在被继承人死亡前有不少于一年处于由被继承人供养的状态，且在继承开始时无劳动能力的，不论是否与被继承人共同生活，其与该顺序的继承人享有同等继承权。

2. 不属于本法典第一千零五十七条至第一千零六十一条规定的继承人范围，但在继承开始时无劳动能力且在被继承人死亡前有不少于一年由被继承人供养且与被继承人共同生活的公民被认为是法定继承人，与参加继承顺序的继承人享有同等继承权。

3. 在没有其他法定继承人的情况下，本条第二款规定的无劳动能力的被继承人的供养人应作为第八顺序继承人独立继承。

**第一千零六十九条　遗产中的必留份权利**

1. 被继承人的未成年子女或无劳动能力的子女及其无劳动能力的配偶和父母，不论遗嘱的内容如何，均应继承不少于在法定继承的情况下其应得份额的二分之一（必留份）。

2. 享有必留份权利的继承人依据遗嘱和（或）法定继承取得的一切遗产，包括构成日常家用的家具和日常生活物品的财产价值和以该继承人为受益人设立的遗赠的价值均计入必留份。

3. 在遗嘱中对享有必留份权利的继承人设立的任何限制和负担，只有在转移给该继承人的遗产超过必留份时才有效。

**第一千零七十条　配偶的继承权**

1. 配偶享有遗嘱继承权或法定继承权，但其继承权不包括其与被继承人婚姻存续期间其他的财产权利，包括婚姻存续期间共同积累而属于共有部分的财产的所有权。

2. 如果可以证明配偶与被继承人的婚姻在继承开始前已经实际终止，且配偶在继承开始前已经分居不少于五年，则可以依据法院的判决剥夺配偶的法定继承权。

**第一千零七十一条　法定继承中遗产的保护和管理**

1. 如果一部分财产是按遗嘱继承的，由继承人指定的遗嘱执行人应保护和管理整个遗产，包括按法定继承顺序移转的那部分遗产。

如果法定继承人没有要求指定遗产管理人以履行上述依据法定继承向其转移遗产部分的职能，则根据本法典第一千零五十九条由遗嘱继承人或法院指定的遗嘱执行人履行对整体遗产进行保护和管理的职能。

2. 委托遗产管理人由继承开始地的公证员依据一个或数个法定继承人的请求指定。不同意指定遗产管理人的法定继承人有权就遗产管理人指定纠纷向法院提起诉讼。

3. 如果法定继承人缺失或下落不明，则共和国重要城市、首都、地区、州重要城市的地方执行机关应当向公证员要求指定委托遗产管理人。在法定继承人出现的情况下，可以依据其请求以遗产补偿必要的开支和支付合理的报酬后撤销委托遗产管理人。

4. 遗产受托管理人行使本法典第一千零五十九条规定的职权，适用于遗嘱执行人，但因法定继承的特殊性另有规定的除外。

5. 遗产受托管理人有因遗产保护和管理支出必要费用的补偿权，除非他与继承人的协议另有规定。

## 第六十章　遗产的取得

**第一千零七十二条　接受遗产**

1. 继承人应当通过接受继承以取得遗产。

2. 继承人接受遗产的一部分，即代表接受其所继承的全部遗产。

如果一个继承人因若干理由同时被要求继承，继承人可以根据其中一个理由、若干理由或所有理由接受应给予他的遗产。不得在附条件或有保留的情况下接受遗产。

3. 一个或数个继承人接受遗产并不代表其他继承人接受遗产。

4. 被接受的遗产自继承开始之日起被视为属于继承人，而不论实际接受继承的时间，也不论继承人对继承财产的权利在国家登记的时间。

**第一千零七十二条之一　接受遗产的方式**

1. 接受遗产的方式是向继承开始地的公证员或依法有权发放继承权证明书的公职人员提交接受遗产或请求发放继承权证明书的申请。

继承人的申请由他人转交或邮寄给公证员的，继承人在申请上的签名应当由公证员、有权发放遗产权证明书的公职人员（本法典第一千零五十一条第五款），或根据本法典第一百六十七条第三款有权证明委托的人员予以证明。

如果委托书中明确规定接受遗产的权限，则可通过代理人接受遗产。法定代理人接受遗产不需要委托书。

2. 如果没有别的证据证明，继承人实施下列证明实际已接受遗产行为的，视为其接受遗产：

（1）已实际占有或管理遗产；

（2）采取措施保护财产免受第三人的侵犯或侵占；

（3）自己承担财产维护费用；

（4）偿还被继承人的债务或从第三人处收到应支付给被继承人的款项。

**第一千零七十二条之二　接受遗产的期限**

1. 接受遗产的期限为自继承开始之日起六个月。

继承开始时间为推定公民死亡之日（本法典第一千零四十二条第二款）的，接受遗产的期限为自法院宣告公民死亡的判决生效之日起六个月（如果被宣告死亡）。

2. 如果继承人因其他继承人放弃继承、不接受遗产，或根据本法典第一千零四十五条的规定将其他继承人从继承中排除而产生继承权，则该继承人可以自其继承权产生之日起六个月内接受遗产。

### 第一千零七十二条之三　法定期限届满的遗产接受

根据错过法定接受遗产期限继承人的申请，法院可以恢复该期限并认定继承人接受遗产，如果由于正当理由错过了这一期限，并且在错过法定接受遗产期限的继承人在错过该期限原因消失后的条件下六个月内向法院起诉。

认定继承人接受遗产后，法院应确定所有继承人的继承份额，且在必要的时候可以采取措施保护应得继承份额的新继承人的权利。先前发放的继承权证明书由法院认定无效。

### 第一千零七十二条之四　遗产接受权的转移（转继承）

如果遗嘱继承人或法定继承人在继承开始后，在本法典第一千零七十二条之二规定的期限内未接受遗产即死亡的，该继承人的遗产接受权向其继承人转移。

已故继承人的遗产接受权可由其继承人根据一般规定在接受遗产的剩余期限内共同行使。如果剩余期限少于三个月的，应当延长至三个月。

在接受遗产的期限届满后，如果法院发现继承人错过接受遗产的期限是有正当理由的，可以根据本法典第一千零七十二条之三的规定认定其接受遗产。

继承人根据本法典第一千零六十九条接受作为必留份的遗产的权利不得向其继承人转移。

### 第一千零七十三条　继承权证明书的发放

1. 继承开始地的公证员应当向提出申请的继承人发放继承权证明书。

2. 自继承开始之日起六个月期限届满后发放继承权证明书。

在遗嘱和法定继承时，如果公证人有可靠的证据，除申请证明书的人外，关于相关财产或整个遗产没有其他继承人，则可以在上述期限届满前签发证明书。

**第一千零七十四条　放弃继承的权利**

1. 继承人有权自继承开始之日起六个月内放弃继承。如果有正当理由，则法院可以延长此期限，但不得超过两个月。

2. 继承人向继承开始地的公证员提交申请以放弃继承。

如果在委托书中专门规定放弃继承的权限，则放弃继承可以通过代理人进行。

3. 继承的放弃不得变更或撤销。

4. 继承人在为其提供的期限届满时丧失放弃继承权。如果继承人实际占有或处分继承的财产，或申请证明其对这一财产享有权利的文件，该继承人将在法定期限届满前丧失此项权利。

5. 在放弃继承时继承人有权表示他是为了任何顺序的遗嘱或法定继承人中的其他人，包括代位继承将放弃继承权。

不允许为了被遗嘱人剥夺了继承的继承人利益放弃继承。

6. 如果继承人要求根据遗嘱和法定继承继承遗产，他有权根据其中一个理由或两个以上理由拒绝应付给他的遗产。

7. 继承人有权放弃增加的继承份额的继承（本法典第一千零七十九条），不影响其他部分遗产的继承。

8. 除本条规定的情况外，不允许有保留或附条件地放弃遗产的一部分。

**第一千零七十五条　获得遗赠权的放弃**

1. 受遗赠人有权放弃遗赠。不允许为了他人部分放弃、有保留或有条件放弃。

2. 本条规定的放弃遗产的权利独立于同时是继承人的受遗赠人的权利。

3. 如果受遗赠人恢复了本条规定的权利，解除负担遗赠继承人的执行义务。

**第一千零七十六条　遗产的分割**

1. 任何接受遗产的法定继承人均可以要求分割遗产。

遗产的分割由各继承人按照各自的份额达成协议，如果没有达成协议，则通过司法程序进行。

如果遗产中被继承人的财产权没有注册，则未登记不产生财产权。继承人之间的财产分割在被继承人权利登记后按照法定程序进行。

2. 在遗嘱给继承人份额中的全部或部分遗产未指明具体财产的情况下，本条规则适用于遗嘱继承人之间的遗产分割。

**第一千零七十七条　缺席继承人的权利**

1. 如果继承人中某人的所在地不明，则其他继承人、遗嘱执行人（遗产管理人）和公证员必须采取合理措施确定其所在地并通知其接收遗产。

2. 如果被通知继承的已确定所在地的缺席继承人在本法典第一千零七十四条规定的期限内未放弃继承，则其他继承人应当通知他自己分割遗产的意图。

如果自前款规定的通知之日起三个月内，缺席继承人没有通知其他继承人其参加继承分割协议的意愿，则其他继承人有权通过协议分割遗产，分配缺席继承人的份额。

3. 如果自继承开始之日起一年内未确定缺席继承人的所在地，且没有关于其放弃继承的信息，则其他继承人有权根据本条第二款第二项的规定分割遗产。

4. 在存在已经怀孕但尚未出生的继承人的情况下，遗产的分割应在该继承人出生后进行。

如果胎儿出生时为活体，则其他继承人只能通过分配其应得的继承份额分割遗产。为了保护新生儿的利益，可以邀请监护机关代表参加。

**第一千零七十八条　独立继承人的遗产财产优先权**

1. 在继承开始前一年内与被继承人共同居住的继承人，享有继承该住所以及家庭用具和日常生活用品的优先权。

2. 与被继承人共同共有财产权的继承人，享有继承该财产的优先权。

3. 在行使本条第一款和第二款规定的优先权时，必须尊重参加分割的其他继承人的财产利益。如果构成遗产的财产不足以向其他继承人分配其应得的继承份额，则行使优先权的继承人应向其提供适当的金钱补偿或财产补偿。

第一千零七十九条　继承份额的增加

1. 在继承人根据本法典的规定不接受继承或因故丧失继承权的情况下，将该继承人的应得继承份额分配给其他被指定继承的法定继承人，并按其继承份额的比例分配。

如果被继承人将所有财产通过遗嘱处分给其指定的继承人，则放弃继承或丧失继承权的继承人的应得继承份额分配给其他继承人，并按其继承份额的比例分配，遗嘱另有说明的除外。

2. 本条第一款的规定不适用于下列情形：

（1）如果放弃继承或丧失继承权的继承人被再指定为继承人；

（2）继承人为了特定人的利益放弃继承；

（3）在法定继承的情况下，继承人放弃继承或丧失继承权导致下一顺序继承人被要求继承。

第一千零八十条　遗产费用

在继承人之间分配遗产之前，应当满足补偿因继承人的死前生病的必要费用、继承人的丧葬费、与保护、管理遗产、遗嘱执行有关费用的要求，以及向遗嘱执行人或遗产受托管理人支付的报酬。这些要求应当在所有其他要求之前包括有保障的抵押优先从遗产价值中满足。

第一千零八十一条　债权人对被继承人债务的追索

被继承人的债权人有权在转让给各继承人的财产价值范围内，向遗嘱执行人（遗产管理人）或作为共同债务人承担责任的继承人主张基于被继承人的债务而产生的债权。

第一千零八十二条　在农场的继承

如果农场成员死亡，继承按一般规则开始。继承人有权获得该财产共同所有权中与所占份额相称的金钱补偿。

第一千零八十三条　无人继承的财产

1. 如果既没有法定继承人，也没有遗嘱继承人，继承人中无人有继承权

（本法典第一千零四十五条），或所有人均放弃继承（本法典第一千零七十四条），该遗产将被视为无人继承的财产。

2. 无人继承的财产移转为继承开始地的公共财产。

进入公共财产的无人继承财产的核算、储存、评估、进一步使用和销售工作的组织，由有权管理公共财产的机构进行。

核算、储存、评估、进一步使用和销售归国家所有的无人继承的财产的程序由哈萨克斯坦共和国政府决定。

3. 法院根据共和国重要城市、首都、区、州重要城市的地方行政机构在继承开始之日起一年后的申请，确认遗产为无人继承的财产。如果与遗产的保护和管理有关的费用超过其价值，则在上述期限届满前，遗产可被视为无人继承的财产。

4. 对无人继承的财产的保护和管理，应根据本法典第一千零七十一条的规定进行。

5. 本法典第一千零八十条和第一千零八十一条的规定适用于无人继承的财产。

# 第二部分 《吉尔吉斯共和国民法典》继承法编

《吉尔吉斯共和国民法典》继承法部分是1998年1月5日经吉尔吉斯共和国议会立法会议通过，1998年3月1日生效。1999年至2023年先后修改了34次。此文本根据2023年3月23日修改的文本翻译而成。

## 目　录

第六编　继承法

  第六十章　继承的一般规定

  第六十一章　遗嘱继承

  第六十二章　法定继承

  第六十三章　遗产的取得

# 第六编　继　承　法

## 第六十章　继承的一般规定

**第一千一百一十八条　继承**

继承是指死者的财产按照继承程序转移给另一个人或者数人（继承人）。

**第一千一百一十九条　继承的依据**

1. 继承依据遗嘱和法律进行。

2. 没有遗嘱的，或遗嘱没有确定全部遗产的分配的，或本法典另有规定的，发生法定继承。

**第一千一百二十条　遗产的构成**

1. 遗产包括被继承人从继承开始时拥有的所有权利和义务，这些权利和义务不会随着继承人的死亡而终止。

2. 下列与被继承人的人身不可分割的权利和义务不纳入遗产：

（1）参加商业和其他法人组织的成员权，法律或者合同另有规定的除外；

（2）造成生命或健康损害的赔偿权利；

（3）赡养之债的权利和义务；

（4）根据劳动法和社会保障法享有的退休金、福利金和其他付款的权利，但从养老基金提取退休储蓄金的权利除外；

（5）与财产权无关的人身权。

3. 被继承人的人身权和其他非物质利益可以由继承人行使和保护。

**第一千一百二十一条　共同共有财产的继承**

1. 共同共有人的死亡是确定其在共有财产中的份额、共有财产的分割或从共有财产中分出死亡共有人的份额的基础。在这种情况下，遗产应当为死亡共有人对共有财产的份额开放，而在无法进行实物分割时，分割该份额的价值。

2. 共同共有人有权以遗嘱处分根据本条第一款的规定确定的在其死后自己在共有财产中享有的权利的份额。

**第一千一百二十二条　农场土地所有权的继承**

农场（畜牧场）土地所有权的继承应当由本法典规定调整，法律另有规定的除外。

**第一千一百二十三条　继承的开始**

1. 继承自公民死亡或法院宣告其死亡时开始。

2. 继承开始的时间为被继承人死亡之日（如有必要，精确到死亡时间），被继承人被宣告死亡的，继承开始的时间为法院宣告其死亡的判决生效之日，判决另有说明的除外。

3. 互有继承权的人在同一日（二十四小时内）死亡的，视为同时死亡且继承在所有人死亡后开始，每个人的继承人均参加继承。

**第一千一百二十四条　继承开始地**

继承开始地是指被继承人的最后住所地。被继承人的最后住所地不明或位于吉尔吉斯共和国境外的，继承开始地为位于吉尔吉斯共和国境内的被继承人所有的不动产或其主要部分所在地；没有不动产的，为动产主要部分所在地。

**第一千一百二十五条　继承人**

1. 在继承开始时在世的公民，以及在被继承人生前受孕而在继承开始后出生时为活体的子女均可成为遗嘱继承人和法定继承人。

2. 在继承开始时已经设立的法人、国家和地方社区均可成为遗嘱继承人。

**第一千一百二十六条　排除不适格继承人**

1. 故意或企图剥夺被继承人或任何可能的继承人生命的人，或者其他谋害他们的人，无权进行遗嘱继承或法定继承权。遗嘱人在该人企图剥夺其生命后订立遗嘱的除外。

2. 故意妨碍被继承人遗愿的实现以促成本人或与其亲近的人参加继承或增加其继承份额的人，无遗嘱继承或法定继承权。

3. 被剥夺对子女的亲权且在继承开始时没有恢复该权利的父母，以及拒绝履行抚养或赡养遗嘱人的法定义务的父母（养父母）和成年子女（养子女）均无权进行法定继承。

4. 由法院根据这种撤换产生继承财产后果的人的诉讼请求，作为确定排除不适格继承人继承的理由的情况。

5. 本条的规则也适用于遗赠。

6. 本条的规则适用于任何继承人，包括有特留份权的继承人。

## 第六十一章  遗 嘱 继 承

**第一千一百二十七条  一般规定**

1. 遗嘱是指公民处分在其死亡时所拥有的财产或权利并以适当方式予以确认的意思表示。

2. 遗嘱应当由本人订立。不得通过代理人订立遗嘱。

3. 公民可以通过遗嘱将其全部或部分财产指定给一人或数人继承，可以是法定继承人或非法定继承人，也可以是法人、国家或地方自治组织。

4. 被继承人有权不经解释剥夺一个、数个或所有法定继承人的继承权，且无须说明理由。法定继承人被剥夺继承权的，不延伸剥夺进行代位继承的该继承人的后代的继承权，遗嘱另有说明的除外。

5. 被继承人有权就其任何财产订立遗嘱。

被继承人有权订立包含在立遗嘱时不属于其的财产的遗嘱，如果在继承开始时该财产归其所有，则该遗嘱有效。

6. 被继承人在遗嘱订立后的任何时间均可撤销和变更遗嘱且没有义务说明撤销或变更的原因。

7. 被继承人无权赋予遗嘱中被指定为继承人的人，在他们死亡时有义务以同样确定的方式处分被其遗嘱处分的财产。

**第一千一百二十八条  附条件的遗嘱**

1. 遗嘱人有权根据继承人行为的性质附加特定的合法条件来限制继承。

2. 关于指定继承人或剥夺继承权的指令中包含的不合法条件无效。

3. 由于继承人的健康状况或其他客观原因无法成就遗嘱中的条件，可以经继承人提起诉讼认定无效。

**第一千一百二十九条  继承人的再指定**

1. 遗嘱人可以在继承人继承开始前死亡、不接受继承或放弃继承，或根据本法典第一千一百二十六条规定的程序被认定为不适格继承人而从继承中排除，以及遗嘱继承人未能满足被继承人附加的合法条件的情况下指定另一继承人（继承人的再指定）。

2. 根据本法典可以成为继承人的任何人都可以成为再指定继承人。

3. 遗嘱继承人不得以不利于再指定的继承人的方式拒绝继承。

**第一千一百三十条　未遗嘱部分财产的继承**

未遗嘱部分财产按照本法典第一千一百四十一条至第一千一百五十条规定的继承程序在法定继承人之间分配。

这些继承人包括那些遗嘱剩余财产部分的法定继承人。

**第一千一百三十一条　遗嘱形式的一般规则**

1. 遗嘱应当以书面形式订立，并注明订立的地点和时间，由遗嘱人亲笔签名，并经公证。

2. 遗嘱人由于身体残疾、疾病或文盲而不能亲自签名，应其要求，可以在公证人或依法证明遗嘱的其他人在场由其他人签名，但须说明遗嘱人不能亲笔签名的原因。

3. 下列人员不能代替遗嘱人在遗嘱上签名：

（1）公证员或其他证明遗嘱的人；

（2）遗嘱的受益人或受赠人、其配偶、子女、父母、孙子女和曾孙子女以及遗嘱人的法定继承人；

（3）不具有完全行为能力的公民；

（4）文盲和其他无能力阅读遗嘱的人。

**第一千一百三十二条　公证遗嘱**

1. 遗嘱应当由遗嘱人本人书写，或由公证员依照遗嘱人口述书写。公证员依照遗嘱人口述书写遗嘱时，可以使用被普遍接受的技术设备（打字机、个人电脑等）。

2. 公证员依照遗嘱人口述书写的遗嘱，遗嘱人在遗嘱上签名前，应当在公证员在场的情况下完整阅读。

遗嘱人因身体缺陷、疾病或文盲不能自己阅读遗嘱的，应当在公证员在场的情况下由见证人为其宣读遗嘱文本，在遗嘱中应当就此作出相应记载，并说明遗嘱人不能亲自阅读遗嘱的原因。

3. 依据遗嘱人的意愿，遗嘱可以由公证员在未知悉遗嘱内容的情况下进行公证（秘密遗嘱）。

为避免秘密遗嘱无效，应当由遗嘱人亲笔书写并签名。遗嘱应当在两名见证人和公证员在场的情况下密封在信封中，由见证人在信封上签名并注明姓名、父称和经常居住地。见证人签名的信封应当在见证人和公证员在场的情况下密封在另一信封中，在该另一信封上由公证员进行证明背书。

在遗嘱人死亡后由公证员启封秘密遗嘱并向继承人公布。

**第一千一百三十三条　准公证遗嘱**

1. 下列遗嘱是准公证遗嘱：

（1）在医院、军队医院、其他住院治疗机构治疗或住在养老院和残疾人福利院的公民经该医院的主任医师、副主任医师或值班医生以及军队医院院长、养老院和残疾人福利院院长或主任医师证明的遗嘱；

（2）在探险队或考察队的公民经该探险队或考察队队长证明的遗嘱；

（3）在没有公证员的武装部队驻地的军人，以及在这些单位从事文职工作的人员及其家庭成员、军人的家庭成员经该武装部队驻地的指挥官证明的遗嘱；

（4）在剥夺自由场所或被拘留的人经该相应机构的负责人证明的遗嘱；

（5）居住在没有公证员的居民点的人经依法有权进行公证的公职人员证明的遗嘱。

2. 本条第一款所列遗嘱应当由遗嘱人在见证人在场的情况下签名，见证人也应当在遗嘱上签名。

在其他情况下，本法典第一千一百三十二条的规定相应地适用于该类遗嘱，但遗嘱须经公证的除外。

**第一千一百三十四条　遗嘱的撤销和变更**

1. 遗嘱人有权在任何时间撤销其订立的整个遗嘱或通过撤销、修改或补充遗嘱中载明的某些遗嘱的方式变更遗嘱，订立新的遗嘱。

2. 先前订立的遗嘱被后订立的全部或部分与之相反的遗嘱取消。

3. 后订立的遗嘱全部或部分撤销先前订立的遗嘱的，即使后订立的遗嘱被遗嘱人撤销或变更，也不得恢复。

**第一千一百三十五条　遗嘱秘密**

公证员、其他证明遗嘱的公职人员以及代替遗嘱人签名的公民，在继承开始前均无权泄露涉及遗嘱内容及其订立、撤销或变更的信息，并承担法律规定的责任。

**第一千一百三十六条　遗嘱的解释**

在公证员、遗嘱执行人或法院解释遗嘱时，应当考虑遗嘱中所含词语和表达的字面含义。遗嘱的某条款的字面含义不明的，可以通过比较该条款与其他条款以及整个遗嘱的含义查明。

**第一千一百三十七条　无效遗嘱**

1. 遗嘱无效根据本法典关于无效法律行为的规则认定。

2. 由于遗嘱违反本法典规定的订立、签名和证明程序，应遗嘱无效对其有财产后果的人请求，可以认定遗嘱无效。

3. 遗嘱中部分处分内容被认定为无效不影响遗嘱其他部分的效力。

4. 如果后订立的遗嘱在法律上被宣布无效，则恢复先前订立的遗嘱。

5. 在遗嘱无效的情况下，依据该遗嘱被剥夺继承权的继承人有权获得基于一般依据产生的继承权。

**第一千一百三十八条　遗嘱的执行**

1. 遗嘱人可以委托遗嘱中指定的非继承人的人（遗嘱执行人）执行遗嘱。该人通过在遗嘱上的亲笔签名或附于遗嘱的声明中同意担任遗嘱执行人。

继承人可以通过订立协议委托一个继承人或其他人执行遗嘱。在不能达成该协议的情况下，可以由法院依据一个或数个继承人的请求指定遗嘱执行人。

遗嘱执行人有权在任何时间拒绝履行遗嘱人委托的义务，但须就此提前通知遗嘱继承人。法院可以依据继承人的申请判决免除遗嘱执行人的义务。

2. 遗嘱执行人必须：

（1）保护和管理遗产；

（2）采取一切可能的措施，为所有继承人和受遗赠人的利益通知其继承的开始以及遗赠的情况；

（3）收取应向被继承人支付的款项；

（4）依据继承人的意愿和法律向继承人分配其应得的财产；

（5）确保继承人履行委托的遗赠义务；

（6）执行遗嘱委托或要求遗嘱继承人执行遗嘱委托。

3. 遗嘱执行人有权以自己的名义参加与遗产管理和遗嘱执行有关的司法和其他事务，其也可以被要求参加此类事务。

4. 遗嘱执行人应在清理遗产债务、收取应向被继承人支付的款项和使所有继承人获得继承权所需的合理期限内履行其职能。在任何情况下，该期限均不得超过自继承开始之日起一年。

5. 遗嘱执行人有权从遗产中获得遗产管理或遗嘱执行的必要费用。遗嘱中可以规定以遗产为限向遗嘱执行人支付报酬。

6. 执行遗嘱时，遗嘱执行人有义务依据继承人的请求向其提交报告。

**第一千一百三十九条　遗赠**

1. 遗嘱人有权要求遗嘱继承人通过遗产为一人或数人（受遗赠人）的利益履行义务（遗赠），受遗赠人有权要求执行遗赠。

受遗赠人可以是法定继承人，也可以不是法定继承人。

2. 遗赠的标的可以是向受遗赠人转移遗产中的物的所有权、使用权或其他物权，取得和向其移转不属于遗产的财产，为其完成特定的工作，向其提供特定的服务等。

3. 被遗嘱人要求承担遗赠义务的继承人应当在其被移转的遗产的实际价值范围内执行遗赠，且须扣除用以清偿遗嘱人债务的部分。

如果承担遗赠义务的继承人拥有对遗产的必留份，则其执行遗赠的义务仅限于已转移给其的超出必留份的遗产价值。

如果遗赠的义务是由全部或数个继承人承担，则遗赠的义务由各继承人按照其继承份额负担，遗嘱另有说明的除外。

4. 住宅、房屋移转继承人的，遗嘱人有权使继承人有义务向他人提供终身使用住宅或住宅特定部分。在住宅所有权随后转让时，终身使用权继续有效。

房屋终身使用权不可剥夺，不得转让，也不得向受遗赠人的继承人移转。

向受遗赠人提供的房屋终身使用权不能成为其家庭成员在该住房内居住的依据，遗嘱另有说明的除外。

5. 承担遗赠义务的继承人死亡或者不接受遗产的情况下，遗赠的执行转移给其他取得该份额的继承人执行，如果财产是无人继承的财产的，由国家或地方自治机关执行。

受遗赠人在继承开始前或在继承开始后，但遗嘱继承人尚未及时接受继承时死亡的，遗赠可不被执行。

6. 受遗赠人不承担被继承人的债务。

**第一千一百四十条　义务委托**

1. 遗嘱人可以委托遗嘱继承人负担实施或不实施某行为的义务。为了实现公益目的，被继承人分配部分财产用于执行委托的，也可以要求遗嘱执行人履行同样的义务。

2. 本法典第一千一百三十九条的规定可以适用于以实施某种财产性行为为标的的委托。

3. 在本法典规定的情形下将有义务执行委托的继承人的继承份额转移给其他继承人的，执行委托的义务终止。

## 第六十二章　法　定　继　承

**第一千一百四十一条　一般规定**

1. 法定继承人根据本法典第一千一百四十二条至第一千一百四十六条规

定的顺序参加继承。

2. 在法定继承的情况下，被收养人和其后代一方，与其收养人和其亲属一方，完全等同于血亲。

被收养人及其后代在被收养人的亲生父母和其他直系血亲死亡后不得进行法定继承。

被收养人的亲生父母和其他直系血亲在被收养人及其后代死后也不得进行法定继承。

3. 后顺序的法定继承人只有在先顺序的继承人缺失、丧失继承权、不接受继承或放弃继承的情况下取得继承权。

**第一千一百四十二条　第一顺序法定继承人**

1. 被继承人的子女（包括养子女）、配偶（夫妻）和父母（养父母）是第一顺序的法定继承人。第一顺序的法定继承人还包括在被继承人死亡后出生的子女。

2. 被继承人的孙子女代位继承。

**第一千一百四十三条　第二顺序法定继承人**

1. 在没有第一顺序法定继承人的情况下，被继承人的同父同母兄弟姐妹和同父异母（同母异父）兄弟姐妹及其祖父母和外祖父母是第二顺序法定继承人，取得同等份额的法定继承权。

2. 被继承人的同父同母和同父异母的兄弟姐妹的子女（被继承人的侄子女和外甥外甥女）代位继承。

**第一千一百四十四条　第三顺序法定继承人**

1. 在没有第一顺序和第二顺序法定继承人的情况下，被继承人的叔伯姑舅姨是第三顺序法定继承人，取得同等份额的法定继承权。

2. 被继承人的堂兄弟姐妹和表兄弟姐妹代位继承。

**第一千一百四十五条　后顺序继承人**

1. 在没有第一顺序、第二顺序和第三顺序的法定继承人的情况下，应依法由被继承人不属于前顺序继承人的第三位阶、第四位阶、第五位阶和第六位阶的亲属获得继承权，较近位阶的血亲关系排除较远位阶的血亲关系。

血亲关系的位阶由亲属之间间隔的出生人数确定。被继承人的出生不包含在该人数中。

2. 根据本条第一款的规定进行继承：

血亲的第三位阶亲属，即被继承人的曾祖父母和外曾祖父母是第四顺序继承人；

血亲的第四位阶亲属，即被继承人的侄子女和外甥外甥女的子女（侄孙子女和侄外孙子女）以及祖父母和外祖父母的兄弟姐妹（表祖父母和堂祖父母）是第五顺序继承人；

血亲的第五位阶亲属，即被继承人的侄孙子女和侄外孙子女的子女（侄重孙子女和外侄重孙子女）、表兄弟姐妹和堂兄弟姐妹的子女（表侄子女和堂侄子女）以及表祖父母和堂祖父母的子女（表叔伯姑舅姨和堂叔伯姑舅姨）是第六顺序继承人。

3. 在没有前列顺序继承人的情况下，与被继承人共同生活至少十年的继兄弟姐妹、继子、继女、继父和继母作为第七顺序的法定继承人。

**第一千一百四十六条**　删除。

**第一千一百四十七条**　代位继承

1. 在本法典第一千一百四十二条第二款、第一千一百四十三条第二款和第一千一百四十四条第二款规定的情形下，在继承开始前或与被继承人同时死亡的继承人的份额，转归到其各自的子女并在子女之间平均分配。

2. 被剥夺继承权的法定继承人的子女不得代位继承。

3. 在继承开始前死亡或与被继承人同时死亡，且根据本法典第一千一百二十六条无权继承的继承人的子女不得代位继承。

**第一千一百四十八条**　被继承人抚养的无劳动能力人的继承

1. 在被继承人死亡前有不少于一年处于由被继承人抚养的状态且与被继承人共同生活的无劳动能力人属于法定继承人。在有其他法定继承人的情况下，他们与参加继承顺序的继承人一起继承。

2. 属于本法典第一千一百四十三条至第一千一百四十五条规定的法定继承人但又不属于参加继承的顺序的公民，在被继承人死亡前有不少于一年处于由被继承人抚养的状态，且在继承开始时无劳动能力的，则不论是否与被继承人共同生活，其与该顺序的继承人一起继承。

3. 根据本条规定进行继承的人，在有其他法定继承人的情况下，其可共同继承不超过四分之一的遗产。

**第一千一百四十九条　遗产中的必留份权利**

1. 被继承人的未成年子女或无劳动能力的子女，包括养子女，以及其无劳动能力的配偶和父母，包括养父母，不论遗嘱的内容如何，均应继承不少于在法定继承的情况下其应得份额的三分之二（必留份）。

2. 享有必留份权利的继承人基于任何依据取得的一切遗产，包括构成日常家用的家具和日常生活物品的财产价值和以该继承人为受益人设立的遗赠的价值均计入必留份。

3. 在遗嘱中对享有必留份权利的继承人设立的任何限制和负担，只有在转移给该继承人的遗产超过必留份时才有效。

**第一千一百五十条　配偶的继承权**

1. 属于配偶的遗嘱或法定继承权不影响其与被继承人婚姻状况有关的其他财产权利，包括婚姻存续期间共有的部分财产的所有权。

2. 如果可以证明配偶与被继承人的婚姻在继承开始前已经实际终止，且配偶在继承开始前已经分居不少于五年，则可以依据法院的判决剥夺配偶的法定继承权，但根据本法典第一千一百四十九条规定取得的继承权除外。

**第一千一百五十一条　日常家庭生活用品和家具的继承**

日常家庭生活用品和家具由在被继承人死亡前与被继承人共同生活不少于一年的法定继承人继承，不论其继承顺序和继承份额如何。

**第一千一百五十二条　法定继承中遗产的保护和管理**

1. 如果遗产的一部分是依据遗嘱继承的，则由被继承人指定的遗嘱执行人实施对全部遗产的保护和管理，包括法定继承的遗产部分。

如果法定继承人没有要求指定遗产管理人以履行上述依据法定继承向其转移的遗产部分的职能，则根据本法典第一千一百三十八条由遗嘱继承人或法院指定的遗嘱执行人履行保护和管理所有遗产的职能。

2. 遗产管理人由继承开始地的公证员依据一个或数个法定继承人的请求指定。不同意指定遗产管理人的法定继承人有权就遗产管理人指定纠纷向法院提起诉讼。

3. 如果法定继承人缺失或下落不明，则地方行政机关和地方自治机关应当向公证员要求指定遗产管理人。在法定继承人出现的情况下，可以依据其请求以遗产补偿必要的开支和支付合理的报酬后撤销遗产管理人。

4. 遗产管理人行使本法典第一千一百三十八条规定的遗嘱执行人的权限，但基于法定继承的特殊性另有规定的除外。

5. 遗产管理人享有以财产获得保护和管理遗产的必要费用的补偿的权利，在其与继承人之间的协议没有另外约定的情况下还享有获得报酬的权利。

## 第六十三章　遗产的取得

### 第一千一百五十三条　一般规定

1. 继承人自继承开始之时起获得他应得的遗产或其部分（份额），如果他后来不放弃继承，不被剥夺继承权，并不因任命遗嘱继承人被认定遗嘱无效而丧失继承权。

2. 本条所述的行为必须自继承开始之日起六个月内完成。

### 第一千一百五十三条之一　遗产接受权的转移（转继承）

1. 如果遗嘱和（或）法定继承人继承开始后死亡而未及时接受遗产，他应得的遗产份额接受权依法移转给其继承人，而如果继承财产都是遗嘱的，则转移给他的遗嘱继承人（转继承）。遗产接受权按转继承程序不列入该继承人死亡开始继承的部分。

2. 已故继承人的遗产接受权可由其继承人共同行使。

继承人死亡后接受遗产的剩余期限少于三个月的，应当延长至三个月。

3. 继承人接受作为必留份（本法典第一千一百四十九条）的遗产的权利不得向其继承人转移。

### 第一千一百五十四条　继承权证明书的发放

1. 继承权证明书由继承开始地的公证员或依法有权限进行公证的公职人员发放。

2. 自继承开始之日起六个月期限届满后向继承人发放继承权证书。

### 第一千一百五十五条　错过接受继承期限的后果

1. 继承人未在规定期限内实施本法典第一千一百五十三条规定的行为的，视为不接受继承。

2. 经所有继承人书面同意，迟到的继承人可以提出接受继承的申请。

3. 根据因正当理由迟到的继承人的诉讼请求，法院可以为其延长足够提出接受继承申请的期限。

### 第一千一百五十六条　放弃继承的权利

1. 继承人有权自知道或应当知道其继承权之日起六个月内放弃继承。如果有正当理由，法院可以延长此期限，但不得超过两个月。

2. 继承人向继承开始地的公证员提交申请以放弃继承。

如果在委托书中专门规定此类放弃继承的权限，则放弃继承可以通过代理人进行。

3. 继承的放弃不得变更或撤销。

4. 继承人在规定的期限届满前可能丧失放弃继承权。如果继承人实际占有或处分继承的财产，或申请证明其对这一财产享有权利的文件，该继承人将在法定期限届满前丧失此项权利。

### 第一千一百五十七条　对放弃继承权的限制

1. 如果继承人既依据遗嘱进行继承，又进行法定继承，则其有权基于其中一种或两种依据放弃继承。

2. 继承人有权放弃增加的继承份额的继承，不影响继承其他部分遗产。

3. 在放弃继承时继承人有权表示他是为了遗嘱或法定继承人中的其他人。

4. 除本条另有规定外，不得放弃部分继承，不得有保留或附条件放弃继承。

### 第一千一百五十八条　放弃接受遗赠的权利

1. 受遗赠人有权放弃接受遗赠。不得放弃部分遗赠，或有保留或附条件为其他人利益放弃遗赠。

2. 本条规定的放弃受遗赠权，与同时作为继承人的受遗赠人放弃继承的权利无关。

3. 受遗赠人放弃遗赠的，应当履行放弃遗赠的义务以解除其负担的执行的义务。

### 第一千一百五十九条　遗产的分割

1. 任何接受遗产的法定继承人均有权要求分割遗产。

2. 遗产的分割由各继承人按照各自的份额达成协议，如果没有达成协议，则通过司法程序进行。

3. 如果所有遗产或部分遗产未指明具体财产按份遗嘱给继承人，则本条规则适用于遗嘱继承人之间的遗产分割。

### 第一千一百六十条　缺席继承人的权利

1. 如果继承人中某人的去向修改为：所在地不明，则其他继承人、遗嘱执行人（遗产管理人）必须采取合理措施确定其所在地并通知其参加继承。

2. 如果被通知继承的已确定所在地的缺席继承人在本法典第一千一百五十六条规定的期限内未放弃继承，则其余继承人应当通知他自己分割遗产的意图。如果自该通知之日起三个月内，缺席继承人没有通知其余继承人自己参加继承分割协议的意愿，则其余继承人有权按照彼此之间的协议分割遗产，分配给缺席继承人的份额。

3. 如果自继承开始之日起一年内未确定缺席继承人的所在地，且没有关于其放弃继承的信息，则其余继承人有权根据本条第二款的规定分割遗产。

4. 在存在已经怀孕但尚未出生的继承人时，遗产分割应在该继承人出生后进行。如果胎儿出生时为活体，则其余继承人有权只能通过分配其应得的继承份额分割遗产。为了保护新生儿的利益，应邀请家庭和儿童支持处的代表参加。

**第一千一百六十一条　企业继承**

如果所有接受遗产的继承人的协议无另有规定，构成遗产的企业不得进行实物分割，并按继承人应得的份额进入继承人的共有财产。

**第一千一百六十二条　独立继承人的遗产财产优先权**

1. 在遗产分割时，继承开始前三年内与被继承人共同居住的继承人有从住宅、公寓以及家庭用品遗产中获得优先权。

2. 在遗产分割时，与被继承人共同共有财产权的继承人，享有从共有遗产中获得实物分配的优先权。

3. 在行使本条第一款和第二款规定的优先权时，应当尊重参加分割的其他继承人的财产利益。如果因该行使遗产财产权不足以向其他继承人分配其应得的继承份额，则行使优先权的继承人应向其提供相应的金钱或财产补偿。

**第一千一百六十三条　继承份额的增加**

1. 在继承人放弃继承或根据本法典第一千一百五十三条规定丧失继承的情况下，该继承人应得的遗产部分分配给法定继承人，并在他们之间按比例分配其继承份额。

2. 如果被继承人将所有财产遗嘱给其指定的继承人，则放弃继承或丧失继承的继承人应得的遗产部分根据遗嘱分配给其余继承人，并按其继承份额的比例在他们之间分配，遗嘱另有说明的除外。

3. 本条第一款的规定不适用于下列情形：

（1）如果放弃继承或丧失继承权的继承人被再指定为继承人；

（2）继承人为了特定人的利益放弃继承；

（3）在法定继承的情况下，继承人放弃继承或丧失继承权导致下一顺序继承人的继承。

**第一千一百六十四条　遗产支出费用**

在继承人之间分配遗产之前，应当满足补偿因继承人的死前生病的必要费用、继承人的丧葬费、与保护、管理遗产、遗嘱执行有关费用的要求，以及向遗嘱执行人或遗产受托管理人支付的报酬。这些要求应当在所有其他要求之前包括有保障的抵押优先从遗产价值中满足。

**第一千一百六十五条　债权人对被继承人债务的追索**

被继承人的债权人有权从被继承人债务中向遗嘱执行人（遗产管理人）或继承人提出自己追偿要求。此时继承人作为共同债务人在转让给每个继承人的财产价值范围内承担责任。

**第一千一百六十六条　无人继承的财产**

1. 如果既没有法定继承人，也没有遗嘱继承人，或继承人中无人有继承权或他们所有人均放弃继承，继承的财产被视为无人继承的财产。

2. 从继承开始之日起一年后按照继承开始地国家权力机关或地方自治机关的申请根据法院判决继承财产为无人继承财产。如果与遗产保护和管理有关的费用超过其价值，则遗产在上述期限届满前被视为无人继承财产。

3. 无人继承的财产移转为相关财产所在地的地方自治机关所有，如果其放弃财产转归国家所有。

4. 根据本法典第一千一百三十八条保护和管理无人继承的财产。

5. 继承人未提取的国家社会保险退休储蓄基金不能认定为无人继承财产。上述退休储蓄资金适用《吉尔吉斯共和国国家退休社会保险法》第三十二条规定的行为。

# 第三部分 《塔吉克斯坦共和国民法典》继承法编

《塔吉克斯坦共和国民法典》继承法部分2022年11月23日经塔吉克斯坦共和国下议院第915号决议通过，2022年12月16日经塔吉克斯坦共和国上议院第319号决议批准，2023年7月1日生效。同时，于2005年3月1日通过的原塔吉克斯坦共和国民法典国家私法部分失效，其于2005年至2023年先后修改了2次。此文本根据2023年7月1日生效的文本翻译而成。

## 目 录

第六编　继承法

　　第五十八章　继承的一般规定

　　第五十九章　遗嘱继承

　　第六十章　法定继承

　　第六十一章　接受继承和放弃继承

　　第六十二章　继承财产的保护

# 第六编　继　承　法

## 第五十八章　继承的一般规定

**第一千一百三十八条　继承**

1. 继承是指将死者（遗嘱人）的财产权，以及在法律规定的情形下与死者（被继承人）的财产相关的人身非财产权，作为一个整体且同时在一般的继承权利继受条件下转移给另一人或数人（继承人），本编另有规定的除外。

2. 继承由本法典和其他法律调整。

**第一千一百三十九条　继承的依据**

1. 继承依据遗嘱和法律进行。

2. 没有遗嘱的，或遗嘱没有确定全部遗产，以及本法典另有规定的，进行法定继承。

**第一千一百四十条　共同共有财产的继承**

1. 共同共有参与人的死亡是确定其在共有财产中的权利份额和分割共有财产以及从共有财产中分出死亡人份额的基础。此时作为死亡参与人份额的共同共有财产开始继承，如果无法实物分割，则应为该份额的价值。

2. 共同共有参与人有权根据本条第一款在其死后遗嘱共有财产中被确定的权利份额。

**第一千一百四十一条　德坎（农场）和个人副业土地所有权的继承**

德坎（农场）和个人副业土地终身所有权的继承由本法典规定调整，法律另有规定的除外。

**第一千一百四十二条　继承的开始**

1. 继承自公民死亡或法院宣告其死亡时开始（本法典第四十六条）。

2. 继承开始的时间为被继承人死亡之日（如有必要，精确到死亡时间），而被继承人被宣告死亡的，继承开始的时间为法院宣告其死亡的判决生效之日，判决另有说明的除外。

3. 互有继承权的人在同一日（二十四小时内）死亡的，视为同时死亡且继承在所有人死亡后开始，每个人的继承人均参加继承。

4. 数人在同一情形下失踪而被法院宣告死亡的，视为同时死亡且继承在所有人死亡后开始，每个人的继承人均参加继承。

**第一千一百四十三条　继承开始地**

继承开始地是指被继承人的最后住所地（本法典第二十一条）。被继承人的最后住所地不明的，继承开始地为被继承人所有的不动产或其主要部分的所在地；被继承人无不动产的，以其动产的主要部分的所在地为继承开始地。

**第一千一百四十四条　继承人**

1. 在继承开始时在世的公民，以及在被继承人生前受孕而在继承开始后出生时为活体的子女均可成为遗嘱继承人和法定继承人。

2. 法人和国家可以成为遗嘱继承人。

**第一千一百四十五条　从继承中排除不适格继承人**

1. 故意或企图剥夺被继承人或任何可能的继承人生命的人，无权进行遗嘱继承或法定继承。

2. 故意妨碍被继承人遗愿的实现以促成本人或与其亲近的人参加继承或增加其继承份额的人，无权进行遗嘱继承或法定继承。

3. 被剥夺对子女的亲权且在继承开始时没有恢复该权利的父母，以及拒绝履行抚养或赡养遗嘱人的法定义务的父母（养父母）和成年子女（养子女）均无权进行法定继承。

4. 由法院确定将不适格继承人从继承中排除的情形。

5. 本条规定也适用于遗赠。

**第一千一百四十六条　不适格继承人的义务**

如果被法院确认为不适格继承人，则其在获得遗产后，有义务返还通过继承获得的一切，包括收益和孳息。如果继承的财产已不存在，则其有义务偿还相应的价值。

**第一千一百四十七条　不适格继承人的诉讼时效**

利害关系人应当自该人占有财产之时起三年内提起认定其为不适格继承人的诉讼。

**第一千一百四十八条　继承份额的增加**

1. 在继承人根据本法典的规定放弃继承或被遗嘱或法院剥夺继承权或因故丧失继承权的情况下，该继承人的应得继承份额分配给其他被指定继承的法定继承人，并按其继承份额的比例分配。

如果被继承人将所有财产通过遗嘱处分给其指定的继承人，则放弃继承或丧失继承权的继承人的应得继承份额由其他遗嘱继承人继承，并按其继承份额的比例分配，遗嘱另有说明的除外。

2. 本条第一款的规定不适用于下列情形：

（1）如果放弃继承或丧失继承权的继承人被再指定为继承人（本法典第一千一百五十一条）；

（2）在继承人为了其他继承人（本法典一千一百八十条第三款）或其他人的利益放弃继承时；

（3）在法定继承的情况下，继承人放弃继承或丧失继承权导致下一顺序继承人被要求继承。

**第一千一百四十九条　遗产转移给国家**

1. 继承遗产转移给国家的情形：

（1）遗嘱给国家的；

（2）被继承人既没有法定继承人，也没有遗嘱继承人的；

（3）遗嘱人剥夺所有继承人的继承权的。

2. 如果任何继承人为国家利益而放弃继承，则该继承人继承的继承份额向国家转移。

3. 如果没有法定继承人时，只遗嘱了被继承人的一部分财产，则其余财产移转给国家。

## 第五十九章　遗　嘱　继　承

**第一千一百五十条　一般规定**

1. 遗嘱是公民在死亡时依法以适当方式表达处分其财产和非财产权利的意思表示。

2. 遗嘱应当由本人订立。不得通过代理人订立遗嘱。

3. 公民既可以将自己的全部财产或部分财产遗嘱给法定继承人，也可遗嘱给非法定继承人中的一人或者数人，以及法人和国家。

4. 遗嘱人有权剥夺一个、数个或所有法定继承人的继承权，且无须说明理由。法定继承人被剥夺继承权的，不延伸剥夺进行代位继承的该继承人的后代的继承权，遗嘱另有说明的或本法典第一千一百七十一条另有规定的除外。

5. 被继承人在遗嘱订立后的任何时间均可撤销和变更遗嘱且没有义务说明撤销或变更的原因。

6. 被继承人无权要求遗嘱中指定的继承人死亡时有义务以特定方式处置被他遗嘱的财产。

**第一千一百五十一条　继承人的再指定**

1. 如果遗嘱中指定的继承人在继承开始前死亡的，不接受继承或放弃继承，或者作为不适格继承人被排除继承的，遗嘱人可以在遗嘱中指定另一继承人。

2. 任何根据本法典第一千一百四十四条有资格成为继承人的人均可被再指定为继承人。

**第一千一百五十二条　遗赠**

1. 遗嘱人有权要求遗嘱继承人通过遗产为一人或数人（受遗赠人）的利益履行义务（遗赠），受遗赠人有权要求执行遗赠。

受遗赠人可以是法定继承人，也可以不是法定继承人。

2. 遗赠的标的可以是向受遗赠人转移遗产中的物的所有权、使用权或其他物权，取得和向其移转不属于遗产的财产，为其完成特定的工作，向其提供特定的服务等。

3. 被遗嘱人委托遗赠的继承人，应在转让给他的遗产的实际价值范围内减去其债务后履行遗赠。

如果承担遗赠义务的继承人拥有对遗产的必留份，则其执行遗赠的义务仅限于已转移给其超出必留份份额的遗产价值。

如果遗赠的义务是由全部或数个继承人承担的，则遗赠的义务由各继承人按照其继承份额负担，遗嘱另有说明的除外。

4. 对于继承住宅、公寓或其他房屋的继承人，遗嘱人有权责成其履行向其他人提供该房屋或其某一部分的终身使用权的义务。在之后房屋所有权被移转的情况下，房屋终身使用权仍保留其效力。

房屋终身使用权不可剥夺，不得转让，也不得向受遗赠人的继承人移转。

向受遗赠人提供的房屋终身使用权并不作为其家庭成员在该住房内居住的依据，遗嘱另有说明的除外。

5. 在被指定履行遗赠义务的继承人死亡或没有接受遗赠的情况下，遗赠的执行由其他取得该份额的继承人或国家进行。

6. 受遗赠人在继承开始前或在继承开始后但遗嘱继承人尚未接受遗赠时死亡的，遗赠可不被执行。

7. 受遗赠人不对被继承人的债务承担责任。

第一千一百五十三条　遗赠向继承人的转移

受遗赠人在继承开始后死亡，但其尚未表示同意接受遗赠的，则其受遗赠权向其继承人转移，由继承人代替其接受遗赠。

第一千一百五十四条　遗赠的执行期限

受遗赠人有权请求自继承开始之日起三年时效内执行遗赠。

第一千一百五十五条　委托

1. 遗嘱人可以委托遗嘱继承人负担实施或不实施某行为的义务。为了实现公益目的，遗嘱人为执行遗嘱分配部分遗产的，也可以要求遗嘱执行人履行同样的义务。

2. 本法典第一千一百五十二条的规定可以适用于以实施某种财产性行为为标的的委托。

3. 在本法典规定的情形下将有义务执行委托的继承人的继承份额转移给其他继承人的，执行委托的义务终止。

**第一千一百五十六条 遗嘱未处分的财产部分的继承**

1. 被继承人未通过遗嘱处分的财产应根据本法典第一千一百六十五条至第一千一百六十九条规定的程序分配给法定继承人。

2. 这些继承人包括已经依据遗嘱继承财产其他部分的法定继承人。

**第一千一百五十七条 遗嘱形式的一般规定**

1. 遗嘱必须以书面形式订立并注明订立的地点和时间。

2. 下列遗嘱应当被认定为以书面形式订立的遗嘱：

（1）经公证的遗嘱；

（2）相当于经公证的遗嘱。

3. 遗嘱应当由遗嘱人亲笔签名。

遗嘱人由于身体缺陷、疾病或文盲而不能亲自在遗嘱上签名的，则可以依据其请求在公证员或其他根据法律有权证明遗嘱的官员在场的情况下由其他公民代签，但须指明遗嘱人不能亲笔签名的原因。

4. 根据本法典应当在见证人在场的情况下订立、签名或证明遗嘱的，下列人员不得作为见证人，也不得代替遗嘱人在遗嘱上签名：

（1）公证员或其他证明遗嘱的人；

（2）遗嘱受益人或受遗赠人，其配偶、子女、父母、孙子女和曾孙子女以及遗嘱人的法定继承人；

（3）不具有完全行为能力的公民；

（4）无能力阅读遗嘱的公民和其他人；

（5）有伪证前科的人。

**第一千一百五十八条　经公证的遗嘱**

1. 经公证的遗嘱应当由遗嘱人本人书写，或在见证人在场的情况下由公证员依照遗嘱人口述书写。公证员依照遗嘱人口述书写遗嘱时，可以使用被普遍接受的技术设备（打字机、个人电脑等）。

2. 公证员依照遗嘱人口述书写的遗嘱，遗嘱人在遗嘱上签名前，应当在公证员和见证人在场的情况下完整阅读。

遗嘱人因身体缺陷、疾病或文盲不能自己阅读遗嘱的，应当在公证员在场的情况下由见证人为其宣读遗嘱文本，在遗嘱中应当就此作出相应记载，并说明遗嘱人不能亲自阅读遗嘱的原因。

3. 经公证的遗嘱在见证人在场的情况下订立的，则在遗嘱中应当指明见证人的姓名、父称和经常居住地。

遗嘱中还应当包括代替遗嘱人在遗嘱上签名的人的上述信息。

4. 依据遗嘱人的意愿，遗嘱可以由公证员在未知悉遗嘱内容的情况下进行公证（秘密遗嘱）。

为避免秘密遗嘱无效，应当由遗嘱人亲笔书写并签名，在两名见证人和公证员在场的情况下密封在信封中，并由见证人和公证员在信封上签名。见证人签名的信封应当在见证人和公证员在场的情况下密封在另一信封中，在该另一信封上由公证员背书。

**第一千一百五十九条　相当于经公证的遗嘱**

1. 下列遗嘱相当于经公证的遗嘱：

（1）在医院、军队医院、其他医疗机构治疗或居住在养老院和残疾人福利院的公民经该医院、军队医院、其他医疗机构的主任医师、副主任医师或值班医生以及军队医院院长、养老院和残疾人福利院院长或主任医师证明的遗嘱；

（2）正在航行的悬挂航行船只国旗的该船只上的公民经该船只船长证明的遗嘱；

（3）在探险队、北极地区考察队或其他类似考察队的公民经该探险队或考察队队长证明的遗嘱；

（4）在没有公证员的武装部队驻地的军人，以及在这些单位从事文职工作的人员及其家庭成员、军人的家庭成员经该武装部队驻地的指挥官证明的遗嘱；

（5）处在被剥夺自由场所的人经该剥夺自由场所的负责人证明的遗嘱；

（6）居住在没有公证员的个别居民点的人的遗嘱经地方政府执行机关的高级公职人员证明的遗嘱。

2. 属于本条第一款所列的遗嘱应当由遗嘱人在见证人在场的情况下签名，见证人也应当在遗嘱上签名。

除此之外，本法典第一千一百五十八条的规定相应地适用于该类遗嘱，但遗嘱须经公证的除外。

**第一千一百六十条　遗嘱的撤销和变更**

1. 遗嘱人有权在任何时间撤销或变更遗嘱。

2. 可以通过下列方式撤销遗嘱：

（1）向公证处申请撤销其先前订立的全部遗嘱；

（2）订立新的遗嘱。

3. 可以通过下列方式变更遗嘱：

（1）向公证处申请变更其先前订立的遗嘱的某些部分；

（2）订立新的遗嘱变更先前订立的遗嘱。

4. 后订立的遗嘱全部或部分撤销先前订立的遗嘱的，即使后订立的遗嘱被遗嘱人撤销或变更，也不得恢复。

**第一千一百六十一条　遗嘱秘密**

公证员、其他证明遗嘱的人、见证人，以及代替遗嘱人签名的公民在继承开始前均无权泄露涉及遗嘱内容及其订立、撤销或变更的信息。

**第一千一百六十二条　遗嘱的解释**

在公证员、遗嘱执行人或法院解释遗嘱时，应当考虑遗嘱中所含词语和表达的字面含义。遗嘱的某条款的字面含义不明的，可以通过比较该条款与其他条款以及整个遗嘱的含义查明。

**第一千一百六十三条　无效遗嘱**

1. 以不当形式订立的遗嘱无效。本法典关于法律行为无效的规定也适用于遗嘱无效。

2. 遗嘱中部分处分内容无效不影响遗嘱其他部分的效力。

3. 在遗嘱无效的情况下，依据该遗嘱被剥夺继承权的继承人获得一般的继承权。

**第一千一百六十四条　遗嘱的执行**

1. 遗嘱人可以委托遗嘱中其指定的非继承人的人（遗嘱执行人）执行遗嘱。该人通过在遗嘱上的亲笔签名或附于遗嘱的声明中同意担任遗嘱执行人。

根据协议，继承人有权委托继承人中的一人或其他人执行遗嘱。如果未达成协议，法院可应一个或多个继承人的请求指定遗嘱执行人。

遗嘱执行人有权在任何时间拒绝履行委托的义务，但须就此提前通知遗嘱继承人。法院可以依据继承人的诉讼判决免除遗嘱执行人的义务。

2. 遗嘱执行人是具有行为能力的人。

3. 遗嘱执行人应当：

（1）保护和管理遗产；

（2）采取一切可能的措施，为所有继承人和受遗赠人的利益通知其继承的开始以及遗赠的情况；

（3）根据遗嘱人的意愿和法律向继承人分配其应得的财产；

（4）确保继承人履行委托的遗赠义务；

（5）执行遗嘱委托或要求继承人依据遗嘱执行遗嘱委托。

4. 遗嘱执行人有权以自己的名义参加与遗产保护、管理和遗嘱执行有关的司法和其他事务，也可以被要求参加此类事务。

5. 遗嘱执行人应在清理遗产债务、收取应向被继承人支付的款项和使所有继承人获得继承权所需的合理期限内履行其职能。

6. 遗嘱执行人有权从遗产中获得保护、管理遗产或执行遗嘱的必要费用的补偿。遗嘱中可以规定以遗产为限向遗嘱执行人支付报酬。

7. 遗嘱执行后，遗嘱执行人有义务依据继承人的请求向其提交报告。

## 第六十章　法 定 继 承

**第一千一百六十五条　一般规定**

1. 法定继承人根据本法典第一千一百六十六条至第一千一百六十八条规定的顺序参加继承。

2. 在法定继承的情况下，被收养人和其后代一方，与其收养人和其亲属一方，等同于血亲。

被收养人及其后代在被收养人的亲生父母和其他血亲死亡后不得进行法定继承。

被收养人的亲生父母和其直系血亲在被收养人及其后代死亡后不得进行法定继承。

3. 各在后顺序的法定继承人只有在在先顺序的继承人缺失、丧失继承权、不接受继承或放弃继承的情况下才能取得继承权。

4. 本法典关于法定继承人参加继承的顺序和其在遗产中的份额大小的规定可以由具有利害关系的继承人在继承开始后签名的经公证证明的协议予以变更。该协议不得涉及没有参加该协议的继承人以及拥有必留份权利的继承人的权利。

**第一千一百六十六条　第一顺序的法定继承人**

1. 被继承人的子女（包括养子女）、配偶、父母和收养人，以及在被继承人死亡后出生的子女是第一顺序的法定继承人，取得同等份额的法定继承权。

2. 继承人的孙子女及其后代代位继承。

**第一千一百六十七条　第二顺序的法定继承人**

1. 在没有第一顺序的法定继承人的情况下，被继承人的兄弟姐妹及其祖父母和外祖父母是第二顺序的法定继承人，取得同等份额的法定继承权。

2. 被继承人的兄弟姐妹的子女（侄子女和外甥外甥女）代位继承。

**第一千一百六十八条　第三顺序的法定继承人**

1. 在没有第一顺序和第二顺序继承人的情况下，被继承人父母的兄、弟、姐、妹（叔、伯、姑、舅、姨）是第三顺序的法定继承人，取得同等份额的法定继承权。

2. 被继承人的堂兄弟姐妹和表兄弟姐妹代位继承。

**第一千一百六十九条　代位继承**

1. 在本法典第一千一百六十六条、第一千一百六十七条和第一千一百六十八条第二款规定的情形下，在继承开始前死亡或与被继承人同时死亡的继承人的份额，转归到其各自的后代并在后代之间平均分配。

2. 被剥夺继承权的法定继承人的后代不得代位继承。

3. 在继承开始前死亡或与被继承人同时死亡，且根据本法典第一千一百四十五条无权继承的继承人的后代不得代位继承。

**第一千一百七十条　被继承人抚养的无劳动能力人的继承**

1. 在被继承人死亡前有不少于一年处于被继承人抚养的状态且与被继承人共同生活的无劳动能力人属于法定继承人。在有其他法定继承人的情况下，其与参加继承的顺序的继承人共同享有继承权。

2. 属于本法典第一千一百六十七条至第一千一百六十八条规定的法定继承人但又不属于参加继承顺序的公民，在被继承人死亡前有不少于一年处于被继承人抚养的状态，且在继承开始时无劳动能力的，则不论是否与被继承人共同生活，其与该顺序的继承人共同享有继承权。

**第一千一百七十一条　遗产中的必留份权利**

1. 被继承人的未成年子女或无劳动能力的子女、无劳动能力的父母（继父和继母）或无劳动能力的配偶，应根据法律规定参加继承，不论遗嘱的内容如何，均应继承不少于在法定继承的情况下其应得份额的三分之二（必留份）。

2. 享有必留份权利的继承人基于任何依据取得的一切遗产，包括构成日常家用的家具和日常生活物品的财产价值和以该继承人为受益人设立的遗赠的价值均计入必留份。

3. 在遗嘱中为享有遗产必留份权利的继承人规定的任何限制和负担，只有在转移给该继承人的遗产超过必留份时才有效。

**第一千一百七十二条　配偶在继承中的权利**

1. 配偶（丈夫或妻子）享有遗嘱继承权或法定继承权，但其继承权不包括其与被继承人婚姻存续期间其他的财产权利，包括婚姻存续期间共同积累而属于共有部分的财产的所有权。

2. 如果可以证明配偶与被继承人的婚姻在继承开始前已经实际终止，且配偶在继承开始前已经分居不少于三年，则可以依据法院的判决剥夺在世配偶的法定继承权，但是本法典第一千一百七十一条规定的继承权除外。

**第一千一百七十三条　法定继承中遗产的保护和管理**

1. 如果遗产的一部分是依据遗嘱继承的，则由被继承人指定的遗嘱执行人实施对全部遗产的保护和管理，包括法定继承的遗产部分。

如果法定继承人没有要求指定遗产管理人以履行上述依据法定继承向其转移遗产部分的职能，则根据本法典第一千一百六十四条第一款由遗嘱继承人或法院指定的遗嘱执行人履行整体保护和委托管理所有遗产的职能。

2. 委托遗产管理人由继承开始地的公证员依据一个或数个法定继承人或被继承人的债权人的请求指定。不同意指定遗产管理人的法定继承人或继承人的债权人有权就遗产管理人指定纠纷向法院提起诉讼。

3. 如果法定继承人缺失或下落不明，则国家地方权力执行机关应当向公证员要求指定遗产管理人。在法定继承人出现的情况下，可以依据其请求以遗产补偿必要的开支和支付合理的报酬后撤销遗产管理人。

4. 遗产管理人行使本法典第一千一百六十四条规定的职权适用于遗嘱执行人，但基于法定继承的特殊性另有规定的除外。

5. 遗产管理人享有以财产获得补偿必要的保护和管理遗产的费用的权利，在其与继承人之间的协议没有另外约定的情况下还享有获得报酬的权利。

## 第六十一章　接受继承和放弃继承

### 第一千一百七十四条　接受继承

1. 继承人有权通过接受继承以取得遗产。不得在附条件或有保留的情况下接受继承。

2. 继承人实际占有继承的财产或向继承开始地的公证机构提出接受继承的申请时，应当认定其接受继承。

3. 本条规定的行为应当在继承开始之日起六个月内完成。

4. 只有在其他继承人不接受继承的情况下才产生继承权的人，可在接受继承的剩余期限内声明自己同意接受继承，如果剩余期限少于三个月，则延长至三个月。

5. 接受的遗产自继承开始之日起即属于继承人。

### 第一千一百七十五条　转继承

1. 继承人在继承开始后未接受继承即死亡的，其从继承中获得的继承份额向其继承人转移（转继承）。已故继承人的继承人必须在接受继承期限届满前的剩余期限内接受继承。该期限少于三个月的，应当延长至三个月。

2. 在放弃转继承获得财产时，财产向其他继承人转移。

### 第一千一百七十六条　继承权证明书的发放

1. 继承开始地的公证员应当向提出申请的继承人发放继承权证明书。

2. 自继承开始之日起六个月期限届满后发放继承权证书。

在法定继承和遗嘱继承时，如果有充分的证据证明除了申请发放证明书的人之外，不再有其他继承人有权继承遗产或相应部分遗产，则可以在自继承开始之日起六个月内发放继承权证明书。

### 第一千一百七十七条　接受继承的期限的延长

法院认定继承人错过接受继承期限存在正当理由的，可以根据本法典第一千一百七十四条的规定延长继承人接受继承的期限。

在这些情况下，错过接受继承期限的继承人只能获得其应得的继承份额中被其他继承人接受的或转归国家的以实物形式存在的财产，以及出卖其他其应得的财产部分而获得的款项。

**第一千一百七十八条　不得处分的遗产**

未等待其他继承人出现并已开始占有或管理遗产的继承人，在继承开始之日起六个月之内或在收到继承书之前，无权处置遗产，但被继承人的丧葬费和被抚养人的抚养费除外。

**第一千一百七十九条　放弃继承的权利**

1. 继承人有权自知道或应当知道其继承权之日起六个月内放弃继承。如果有正当理由，则法院可以延长此期限，但不得超过两个月。

2. 继承人向继承开始地的公证员提交申请以放弃继承。

如果在委托书中专门规定此类放弃继承的权限，则放弃继承可以通过代理人进行。

3. 继承的放弃不得变更或撤销。

4. 继承人在规定的期限届满时丧失放弃继承权的权利。如果他实际占有或处分了继承财产，或要求获得证明他对该财产的权利的文件，他在上述期限届满前也将丧失这一权利。

**第一千一百八十条　对放弃继承权的限制**

1. 如果继承人既依据遗嘱进行继承，又进行法定继承，则其有权基于其中一种或两种依据放弃继承。

2. 继承人有权放弃增加的继承份额的继承（本法典第一千一百四十八条），不影响继承其他部分遗产。

3. 在放弃继承时，继承人有权指明他放弃继承是为了遗嘱或法定继承权人中的其他人。

4. 不得为了被剥夺继承权的继承人或不适格继承人的利益而放弃继承。

5. 除本条规定的情况外，不允许有保留或有条件地放弃遗产的一部分。

**第一千一百八十一条　放弃接受遗赠的权利**

1. 不得部分放弃遗赠，有保留地，有条件地放弃遗赠，或者为他人利益放弃遗赠。

2. 受遗赠人放弃遗赠的，应当履行放弃遗赠的义务以解除其负担的执行义务。

**第一千一百八十二条　遗产的分割**

1. 任何接受遗产的法定继承人均有权要求分割遗产。

2. 遗产的分割是由各继承人按照各自的份额达成协议，如果没有达成协议，则通过司法程序进行。

3. 本条规定适用于遗嘱中将遗产的全部或部分按份分配给继承人而未指定具体财产的情况。

**第一千一百八十三条　缺席继承人的权利**

1. 如果继承人中有位置不明的人，则其他继承人、遗嘱执行人（遗产管理人）和公证员必须采取合理措施确定其位置并通知其继承。

2. 如果被要求继承的已确定位置的缺席继承人在本法典第一千一百七十九条规定的期限内未放弃继承，则其他继承人应当通知其自己分割遗产的意图。

3. 如果在前款规定的通知之日起三个月内，缺席继承人未通知其他继承人其参加遗产分割协议的意愿，其他继承人有权通过协议分割缺席继承人的份额。

4. 如果在遗产发现之日起六个月内，缺席继承人下落不明，也没有关于其放弃遗产的信息，其他继承人有权按照本条第二款的规定进行分割。

5. 在存在已经受孕但尚未出生的继承人的情况下，继承的分割应在该继承人出生后进行。

如果已经受孕但尚未出生的胎儿出生时是活体的，则其他继承人只能通过分配其应得的继承份额分割遗产。为了保护新生儿的利益，可以邀请保护和监护机关代表参加。

**第一千一百八十四条　企业的继承**

属于遗产构成的企业（本法典第一百四十四条）不进行实物分割，而是按照继承人的应得继承份额认定为其共同共有，所有接受继承的继承人另有协议约定的除外。

**第一千一百八十五条　特定继承人对遗产中财产的优先权**

1. 当遗产分配时，在遗产继承前一年与遗嘱人共同生活的继承人应享有从遗产中获得住宅、公寓以及家用器具和生活用品的优先权。

2. 分配遗产时与被继承人共同共有财产的继承人享有从遗产中获得实物财产的优先权。

3. 在行使本条第一款和第二款规定的优先权时，必须考虑参加分割的其他继承人的财产利益。如果由于行使这些权利而导致构成遗产的财产不足以向其他继承人分配其应得的继承份额，则行使优先权的继承人应向其提供适当的金钱补偿或财产补偿。

**第一千一百八十六条　因继承产生的费用**

在遗产分配给继承人前，需先清偿治疗被继承人疾病的必要费用，被继承人的丧葬费，与保护、管理遗产和执行遗嘱有关的费用，以及向遗嘱执行人或遗产管理人支付的报酬。该项请求权优先于其他所有请求权，包括由抵押及质押所担保的请求权，优先从遗产价值中得到满足。

**第一千一百八十七条　债权人对被继承人债务的追偿**

被继承人的债权人有权基于被继承人的债务向遗嘱执行人、遗产管理人和继承人提出自己的请求权。后者作为连带债务人在已转让给各继承人的财产的价值范围内承担责任。

**第一千一百八十八条　债权人提出债权的期限**

1. 被继承人的债权人应当自继承开始之日起六个月内向接受继承的继承人提出债权，不论债权期限是否届满。

2. 法院认定存在延长的正当理由的，其可以延长本条第一款规定的期限。

3. 不遵守这些规则将导致债权人丧失债权。

## 第六十二章　继承财产的保护

**第一千一百八十九条　继承财产的保护措施**

为了保护缺席继承人、受遗赠人的利益和公共利益，公证人或在继承开始地的同等机构应当依据利害关系人、遗嘱执行人的请求或主动在所有继承人接受继承前采取必要的遗产保护措施。

**第一千一百九十条　公证机构和同等机构保护遗产的义务**

遗产或其部分不在继承开始地的，公证机构或同等机构应当责成财产所在地的公证机构或同等机构采取保护该财产的措施。

# 第四部分 《土库曼斯坦民法典》继承法编

《土库曼斯坦民法典》继承法部分1998年7月17日经土库曼斯坦国民委员会（294-Ⅰ）通过，1999年3月1日生效。2012年至2023年先后修改了4次。此文本根据2023年10月5日修改的文本翻译而成。

## 目 录

第五编　继承法

　　第一章　一般规定

　　第二章　法定继承

　　第三章　遗嘱继承

　　第四章　遗嘱的形式

　　第五章　继承人的再指定

　　第六章　必留份

　　第七章　遗赠

　　第八章　遗嘱的变更或撤销

　　第九章　遗嘱的执行

　　第十章　接受继承和放弃继承

　　第十一章　遗产的分割

　　第十二章　继承人对债权人的清偿

第十三章　遗产的保护
第十四章　继承权证明书

# 第五编　继　承　法

## 第一章　一　般　规　定

**第一千零七十条　概念**

1. 继承是指基于法律或遗嘱或一般依据将死者（被继承人）的财产转移给他人（继承人）。

2. 法定继承是指被继承人没有遗嘱或遗嘱全部或者部分无效，死者财产移转于法律指定的人。

**第一千零七十一条　继承人**

下列人员可以作为继承人：

（1）根据法律，被继承人死亡时在世的人，以及被继承人死亡后出生时为活体的子女；

（2）根据遗嘱，被继承人死亡时在世的人，以及被继承人生前受孕并在其死亡后出生的人（不论是否是其子女），以及法人。

**第一千零七十二条　作为继承人的法人**

在继承开始时已经成立的法人在遗嘱继承的情况下应当被通知参加继承。

**第一千零七十三条　非婚生子女作为父亲的继承人**

非婚生子女根据法定程序确定其父亲身份的，应当被视为其父亲的继承人。如果该非婚生子女先于其父亲死亡，则非婚生子女的子女可以要求继承其父亲应得的继承份额。

**第一千零七十四条　不适格继承人**

故意妨碍被继承人遗愿的实现以促成本人或与其亲近的人参加继承或增

加其继承份额，或实施与被继承人在遗嘱中所表达的遗愿相违背的故意犯罪或其他不道德行为的，如果此类行为经法院认定，则该行为人不能成为法定继承人或遗嘱继承人（不适格继承人）。

**第一千零七十五条　不能成为继承人的父母**

被剥夺对子女的亲权且在继承开始时没有恢复该权利的父母不能成为子女的法定继承人。恶意逃避对被继承人应尽的抚养义务且该情况经法院认定的人，也不能成为法定继承人。

**第一千零七十六条　法院剥夺继承权**

剥夺不适格继承人继承权的理由必须由法院根据剥夺不合格继承人继承权会引起确定财产后果的人提起的诉讼确定。

**第一千零七十七条　对不适格继承人的谅解**

对因实施某些行为被剥夺继承权的人，如果被继承人谅解该人并在遗嘱中明确表示该决定，则该人有权参加继承。谅解行为不得撤销。

**第一千零七十八条　不适格继承人的义务**

获得遗产后被法院认定为不适格继承人的人有义务返还其继承获得的一切，包括收益和孳息。

**第一千零七十九条　认定继承人不适格的诉讼时效期间**

利害关系人应当自继承人获得遗产所有权之日起五年内提起认定其为不适格继承人的诉讼。

**第一千零八十条　被剥夺继承权的人的继承份额**

1. 被剥夺继承权的人的继承份额应当向其他继承人转移并在其他继承人之间平均分配。

2. 本条第一款的规定不适用于被剥夺继承权的人已经被指定为继承人的情形。

**第一千零八十一条　继承的开始**

继承自公民死亡或法院宣告其死亡时开始。

**第一千零八十二条　继承开始的时间**

继承开始的时间为被继承人死亡之日或法院宣告其死亡的判决生效之日。

### 第一千零八十三条 同一日死亡的人的继承

在互有继承权的数人同一日死亡的情况下,继承在所有人死亡后开始。

### 第一千零八十四条 被宣告死亡后继承的开始

数人在同一情况下失踪而被法院宣告死亡的,适用本法典第一千一百四十一条关于继承顺序的规定,无须考虑宣告死亡判决的生效时间。

### 第一千零八十五条 继承开始地

1. 继承开始地是指被继承人的住所地,住所地不明确的,以遗产所在地为继承开始地。

2. 遗产位于不同地点的,继承开始地为不动产或不动产重要部分所在地;没有不动产的,继承开始地为动产所在地或动产主要部分所在地。

### 第一千零八十六条 居住在境外的人的继承开始地

暂时在境外居住的土库曼斯坦公民在境外死亡的,继承开始地为该公民离境前的最后住所地。没有明确住所地的,继承开始地为遗产所在地或遗产主要部分所在地。

### 第一千零八十七条 永久居住在境外的人继承开始地

永久居住在境外的公民死亡的,继承开始地为该公民的居住国。

### 第一千零八十八条 在境外继承的开始

居住在土库曼斯坦的土库曼斯坦公民根据遗产所在国的法律继承在境外的遗产。

### 第一千零八十九条 继承财产

1. 遗产(继承财产)包括被继承人死亡时所有的财产权(遗产权利)和义务(遗产负债)的总和。

2. 遗产包括共同共有物中属于死者份额的部分,该财产不可能进行实物分割的,则为等同于该部分财产的价值。

### 第一千零九十条 可预期财产

被继承人可以预先将在其订立遗嘱时尚未获得但在继承开始时归其所有的财产写入遗嘱。

**第一千零九十一条　禁止继承具有人身专属性的权利和义务**

遗产不包括具有人身属性的财产权利和义务，其只属于被继承人，也不包括法律或合同规定的权利和义务，其只在债权人和债务人在世时有效，并在他们死亡时终止。

**第一千零九十二条　被继承人非财产权的保护**

被继承人的非财产权不包括在遗产中，其由继承人根据法定程序行使和保护。

**第一千零九十三条　遗嘱规定增加的财产的后果**

如果遗嘱人在订立遗嘱后通过取得财产扩大了遗嘱规定的不动产，这种财产虽然与遗嘱的不动产有关，但除非就订立遗嘱后获得的财产作出新的分配，否则不得继承。

**第一千零九十四条　共同继承人**

如果存在数个继承人，则遗产在分割前应当作为一个整体归全部继承人共有。因被继承人的护理、治疗疾病、丧葬、遗产的保护和管理、报酬发放和执行遗嘱所产生的必要开支应当从遗产中清偿。上述请求权应当优先于其他所有请求权，包括由抵押及质押所担保的请求权，从遗产价值中得到满足。

**第一千零九十五条　遗产中的返还原物请求权**

1. 被继承人错误地给继承人遗留了物，其的所有权人有权以一般程序请求返还原物。

2. 如果死者的财产中隐藏着他人的财产，则必须查明这部分财产并将其移交给有关人员。

## 第二章　法　定　继　承

**第一千零九十六条　法定继承人**

1. 在法定继承中，与继承人享有同等份额的继承人是：

（1）第一顺序继承人：死者的子女（包括养子女）、配偶、父母（养父母）以及在其死亡后出生的子女；

（2）第二顺序继承人：死者的兄弟姐妹、祖父母和外祖父母。

2. 养子女的亲生父母以及其他血亲、直系亲属、同胞兄弟姐妹死亡后，该养子女及其后代无继承权。养子女的亲生父母以及其他血亲、直系亲属、同胞兄弟姐妹不享有该养子女或其后代的继承权。

3. 继承开始时，具有继承资格的父母死亡的，该父母的子女、孙子女及曾孙子女应为法定继承人，且在法定继承的情形下，子女、孙子女及曾孙子女对死亡的父母应享有同等份额的继承权。

父母生前放弃继承的，其子女、孙子女及曾孙子女不得代位继承其应享有的遗产份额。

**第一千零九十七条　法定继承顺序**

在先顺序继承人有一人存在的，即排除在后顺序继承人的继承。

**第一千零九十八条　无劳动能力人在继承时享有的权利**

如果依靠被继承人抚养且不能独立生活的丧失劳动能力人在遗嘱中未被列为继承人，则有权请求从遗产中获得生活费，但支付数额可以按照遗产的规模相应减少。

**第一千零九十九条　离婚配偶在继承时的地位**

已离婚的配偶，一方在另一方死亡后不能成为其法定继承人。

**第一千一百条　婚姻终止时对继承权的剥夺**

如果可以证明配偶与被继承人的婚姻自继承开始之日起已经实际终止不少于三年且双方已经分居，则法院可以判决剥夺配偶的法定继承权。

**第一千一百零一条　因无效婚姻导致继承权的丧失**

存在婚姻无效的事由且被继承人生前已就认定婚姻无效提起诉讼的，在世一方配偶丧失继承权。

**第一千一百零二条　无继承人的财产转归国库**

1. 无法定继承人也无遗嘱继承人，或所有继承人均未接受继承或均被剥夺继承权的，无继承人的财产转归国库所有；被继承人生前依靠养老机构、残疾人机构或医疗、护理中心或其他社会保障机构供养的,其死亡后的财产转归该机构所有。

2. 没有继承人的公司股票或者合作社中的股份转让给公司和合作社所有,法律另有规定的除外。

## 第三章　遗　嘱　继　承

**第一千一百零三条　概念**

自然人可以在死亡时将自己的财产或其部分留给无论是继承人还是局外人中的一人或者数人。

**第一千一百零四条　可以成为遗嘱人的人**

在订立遗嘱时能合理预见行为的后果、清楚表达自己意思且具有完全行为能力的成年人,可以成为遗嘱人。

**第一千一百零五条　遗嘱人亲自订立遗嘱**

遗嘱人应当亲自订立遗嘱,禁止通过代理人订立遗嘱。

**第一千一百零六条　共同遗嘱**

遗嘱应当包含一个被继承人的指示。

不得由两个或两个以上的人订立共同遗嘱,但配偶之间订立的相互继承的共同遗嘱除外。在配偶双方均在世的情况下,依据配偶一方请求可以撤销配偶之间的共同遗嘱。

**第一千一百零七条　遗嘱人确定的份额**

1. 遗嘱人可以在遗嘱中指明遗嘱继承人对遗产的继承份额,或指明具体遗产的具体归属人。遗嘱中未指明的,遗产应在继承人之间平均分配。

2. 在遗嘱中指定数个继承人,但仅确定其中一个继承人的继承份额的,其他继承人应享有同等继承份额。

**第一千一百零八条　遗嘱继承人之间遗产的分配**

在遗嘱中指定数个继承人,且分配给其中一个继承人的继承份额为全部遗产的,其他继承人应当享有同等继承份额。

#### 第一千一百零九条　遗嘱未处分财产的继承

遗嘱继承人继承份额的总和不足以构成全部遗产的，遗嘱处分之外的财产应当依据法定继承进行分配。前述规定也适用于遗嘱已经处分部分财产给法定继承人的情况，遗嘱另有说明的除外。

#### 第一千一百一十条　遗嘱继承人之间按照比例增加遗产份额

在遗嘱中已经确定继承人的继承份额，但继承份额的总和不足以构成全部遗产的，在只有遗嘱继承人的情况下，按照遗嘱继承人的继承份额的比例增加其继承份额。

#### 第一千一百一十一条　第三人不得参加继承份额的确定

遗嘱人不得委托他人指定遗嘱继承人和确定继承份额。

#### 第一千一百一十二条　无法准确确定继承人

遗嘱人以数人均符合的特征确定遗嘱继承人，无法确定遗嘱人指定的具体继承人的，该数人享有同等的继承份额。

#### 第一千一百一十三条　剥夺遗嘱继承权

1. 遗嘱人可以通过遗嘱剥夺一个、数个或所有法定继承人的继承权，且不负有就此说明理由的义务。

2. 在遗嘱中被明确剥夺继承权的人不得作为法定继承人参加遗嘱未处分财产的继承，也不得继承其他遗嘱继承人放弃继承的遗产。

#### 第一千一百一十四条　继承权的保留

未在遗嘱中指明的继承人依法保留继承遗嘱未涉及的那部分遗产的权利；如果遗嘱继承人中没有一人在世，或者所有人都放弃接受遗产，他们也将获得遗嘱规定的财产。

#### 第一千一百一十五条　禁止法定继承

在遗嘱中已将全部遗产分配给继承人，但在继承开始时其中一个继承人已死亡的，不发生法定继承，该死亡继承人的继承份额由其他遗嘱继承人平均分配。

## 第四章　遗嘱的形式

**第一千一百一十六条　公证形式**

1. 遗嘱应当以书面形式订立。书面遗嘱可以是经公证的或未经公证的。

2. 经公证的遗嘱应当由遗嘱人本人订立、签名并经公证员证明，没有公证员的，由公职人员证明。

**第一千一百一十七条　由公证员订立的遗嘱**

1. 在两名见证人在场的情况下，公证员可以依照遗嘱人口述书写遗嘱。书写遗嘱时可以使用被普遍接受的技术设备。

2. 公证员依照遗嘱人口述书写的遗嘱，应当在公证员和见证人在场的情况下完整阅读并签名。

**第一千一百一十八条　相当于公证员的人**

证明遗嘱时下列人员相当于公证员：

（1）遗嘱人正在接受治疗或正在居住的医院、军队医院或其他医疗机构、养老院的主任医师、院长和其医疗事务方面的副职以及责任医生；

（2）遗嘱人所在的勘探、地质考察或其他类似的考察队的队长；

（3）遗嘱人正在乘坐的船只的船长或飞机的机长；

（4）在没有公证员的武装部队驻地，且遗嘱人是军人或在这些单位从事文职工作的人员及其家庭成员，该军队、军事部门、军事机构或军事院校的指挥官（负责人）；

（5）遗嘱人所在的被剥夺自由场所的负责人。

**第一千一百一十九条　由其他人代签的遗嘱**

遗嘱人由于某种原因不能亲自在遗嘱上签名的，可以依据其请求由其他人在遗嘱人和一名公证员在场的情况下代签，并注明遗嘱人不能亲笔签名的原因。

**第一千一百二十条　聋哑人、盲人的遗嘱**

1. 遗嘱人是聋哑人或既是聋哑人又是文盲的，应当在一个能够向其解释事情的实质并签名确认遗嘱的内容符合遗嘱人意志的人和两名见证人在场的情况下，在公证员面前进行遗嘱处分。

2. 遗嘱人是盲人或文盲的，应当在三名见证人在场的情况下，在公证员面前订立遗嘱，见证人和公证员在遗嘱中应当就此作出相应记录并向遗嘱人宣读。

3. 记录人和宣读人可同时作为见证人，但记录人不得同时作为宣读人。

4. 书面遗嘱中应当注明进行记录的人和宣读遗嘱的人，并由见证人签名和公证员鉴定。

第一千一百二十一条　遗嘱见证人

遗嘱见证人不得为被认定为无行为能力人的未成年人、遗嘱继承人及其直系和旁系亲属、兄弟姐妹、配偶以及受遗赠人。

第一千一百二十二条　遗嘱秘密

公证员、证明遗嘱的其他人、见证人、代替遗嘱人在遗嘱上签名的人，在继承开始前均不得公开遗嘱的内容及有关遗嘱的订立、变更或撤销的信息。

第一千一百二十三条　自书遗嘱

遗嘱人可以通过亲笔书写并签名订立遗嘱。

第一千一百二十四条　由公证员保存的遗嘱

1. 遗嘱人可以在三名见证人在场的情况下，将亲笔书写并签名装入密封信封中的声明交给公证员（或其他相关公职人员）并由见证人证明遗嘱人在信封上的签名。

2. 此类遗嘱的保管应当由公证员（或其他相关公职人员）进行正式存放。

第一千一百二十五条　使用技术设备订立的遗嘱

以被普遍接受的技术设备订立的书面遗嘱，应当有遗嘱人的亲笔签名。在遗嘱人订立遗嘱并亲笔签名时，应当有两名见证人确认遗嘱是其在场时以上述技术设备订立的。遗嘱人签名后应当立即进行见证人对遗嘱的证明，在遗嘱人和两名见证人均在场的情况下通过在遗嘱上注明见证人的姓名和住所地的相应背书进行证明。

**第一千一百二十六条　秘密遗嘱**

1. 依据遗嘱人的意愿，见证人应当在未知悉遗嘱内容的情况下进行证明（秘密遗嘱）。在这种情况下，订立遗嘱时见证人必须在场。

2. 在证明密封遗嘱时，见证人应当指明遗嘱是在其在场且未知悉遗嘱内容的情况下由遗嘱人本人订立的。

**第一千一百二十七条　订立遗嘱的日期**

在遗嘱中应指明遗嘱的订立日期。对在订立、修改或撤销遗嘱时有关遗嘱人的行为能力的争议无法解决的，或存在数份遗嘱的，未指明订立日期的遗嘱无效。

**第一千一百二十八条　向利害关系人公开遗嘱的内容**

遗嘱人死亡后，公证员应当确定向利害关系人公开遗嘱内容的日期并向其公开，同时，应当制作相应笔录。装有遗嘱的信封被密封的，应当指明封条的完整性。

## 第五章　继承人的再指定

**第一千一百二十九条　候补继承人**

1. 遗嘱人可以在遗嘱中为遗嘱继承人指定另一继承人（候补继承人），使其在继承开始前该遗嘱继承人死亡、放弃继承或丧失继承权时，代替遗嘱继承人进行继承。

2. 遗嘱继承人不得为候补继承人的利益而放弃继承。

3. 根据本法典第一千一百二十九条至第一千一百三十一条的规定可以成为继承人的人也可以成为候补继承人。

## 第六章　必留份

**第一千一百三十条　概念**

被继承人的子女、父母和配偶，无论遗嘱内容如何，都有必留份，应为法定份额的一半（必留份）。

### 第一千一百三十一条　必留份请求权的发生时间

必留份请求权在继承开始时发生。必留份请求权可以被继承。

### 第一千一百三十二条　必留份范围的确定

必留份范围应当以全部遗产为基础确定，全部遗产也包括旨在履行遗赠的财产或为实施某些社会公益行为的财产。

### 第一千一百三十三条　各继承人必留份的确定

各继承人的必留份数额，应当依据在没有遗嘱的情况下，所有法定继承人将获得的继承份额确定。遗嘱继承人不应被考虑在内。

### 第一千一百三十四条　已获得的财产与必留份的抵消

在被继承人在世时，必留份权利人从被继承人处获得财产，且指明此财产须与必留份抵消的，必留份权利人应当将二者抵消。

### 第一千一百三十五条　放弃接受遗赠的后果

必留份权利人同时又是遗赠的接受人（受遗赠人）的，在放弃遗赠的情况下，仍享有必留份请求权。接受遗赠的，在其接受遗赠的财产价值范围内，不再享有必留份请求权。

### 第一千一百三十六条　遗嘱未处分财产的必留份分配

遗嘱未处分全部遗产的，必留份应当首先从遗嘱未处分财产中获得满足，未获得满足的，再从遗嘱已处分的财产中补足。

### 第一千一百三十七条　通过赠与物增加必留份

被继承人已向第三人进行赠与的，必留份权利人可以依据如果将被赠与的标的纳入遗产，则必留份所增加的数额请求增加必留份。自被赠与的标的给付时起到继承开始时止，已经过十年的，此项赠与不应计入必留份。

### 第一千一百三十八条　补足继承份额请求权

如果必留份权利人依据遗嘱继承的财产不足其在法定继承的情况下可以获得继承份额的二分之一，则必留份权利人可以请求补足不足部分。

### 第一千一百三十九条　放弃接受必留份

1. 必留份权利人放弃接受必留份的，其他共同继承人的必留份数额并不由此增加，被放弃接受的继承份额向遗嘱继承人转移。

2. 接受或放弃接受必留份的意思表示，应当在法律规定的接受或放弃接受期限内作出。

### 第一千一百四十条　必留份权利的剥夺

1. 导致继承权被剥夺的一般情形也可能导致必留份权利被剥夺。

2. 被继承人可以在其有生之年通过向法院提起诉讼剥夺必留份获得权。

3. 法院剥夺必留份权利的判决自继承开始时生效。被继承人在世时提出该项诉讼请求，但在其死亡后法院作出判决的，同样适用。

### 第一千一百四十一条　必留份向遗嘱继承人转移

被剥夺必留份权利的继承人的继承份额应向遗嘱继承人转移。

## 第七章　遗　赠

### 第一千一百四十二条　概念

遗嘱人可以委托继承人为了一人或多人执行遗产的任何义务（遗赠）。

### 第一千一百四十三条　遗赠的标的

遗赠的标的可以是向受遗赠人转移遗产中的物的所有权、使用权或其他物权，取得和向其移转不属于遗产的财产，执行特定的工作，向其提供特定的服务等。

### 第一千一百四十四条　基于遗赠的住宅使用

对于继承住宅、公寓或其他房屋的继承人，遗嘱人有权责成其履行向在继承开始前与遗嘱人共同生活一年以上的人提供该房屋或其某一部分的终身使用权的义务。在之后房屋所有权发生移转的情况下，附着于所有权之上的房屋终身使用权不受影响。

### 第一千一百四十五条　住宅终身使用权不得转让

1. 住宅终身使用权不得转让且不得向受遗赠人的继承人转移。

2. 向受遗赠人提供的住宅终身使用权并不作为其家庭成员居住的依据，遗嘱另有说明的除外。

**第一千一百四十六条　执行遗赠的范围**

被遗嘱人要求承担遗赠义务的继承人应当在其通过遗嘱继承的遗产的实际价值范围内执行遗赠，且须扣除其负责清偿的被继承人债务的部分。

**第一千一百四十七条　其他继承人执行遗赠**

继承开始前负有执行遗赠义务的继承人死亡或放弃继承的，执行遗赠的义务应向其他接受该继承人继承份额的继承人转移，遗嘱另有说明的除外。

**第一千一百四十八条　终止执行遗赠**

负有执行遗赠义务的继承人死亡，且没有该继承人的参加无法执行遗赠义务的，执行遗赠的义务终止。

**第一千一百四十九条　按照继承份额比例执行遗赠**

数个继承人负有执行遗赠义务的，各继承人执行的遗赠义务应当与其享有的继承份额相当，遗嘱另有说明的除外。

**第一千一百五十条　遗赠执行的期限**

受遗赠人有权自继承开始之日起三年内请求执行遗赠。

**第一千一百五十一条　接受必留份时的遗赠**

负有执行遗赠义务的遗嘱继承人有权接受必留份的，该遗嘱继承人只能在其通过遗嘱继承的财产超过必留份部分的范围内履行执行遗赠的义务。

**第一千一百五十二条　遗赠受让人的责任**

遗赠受让人对遗嘱人的债务不承担清偿责任。

**第一千一百五十三条　放弃遗赠**

遗赠受让人有权放弃接受遗赠。在这种情况下，相应的遗赠财产由负担执行遗赠义务的继承人保留。

**第一千一百五十四条　免于执行遗赠**

遗赠受让人放弃接受遗赠的，免除负有执行遗赠义务的继承人执行遗赠的义务。

**第一千一百五十五条　遗赠向继承人转移**

遗赠受让人在继承开始后未能作出接受遗赠的意思表示即死亡的，取得遗赠的权利应当向代替其接受遗赠的继承人移转。

### 第一千一百五十六条 以公益为目的的遗赠

1. 遗嘱人可以委托继承人以公益为目的实施某种财产性或非财产性行为。

2. 受托行为涉及财产的，适用有关遗赠的规定。

3. 负有执行以公益为目的的遗赠义务的继承人死亡的，该执行义务应向其他接受继承的继承人转移。

4. 遗嘱执行人可以向法院请求相关继承人执行受托行为，无遗嘱执行人的，任一继承人以及有利害关系的公共和宗教组织、基金会、国家机关或地方自治机关均可向法院请求相关继承人执行受托行为。

## 第八章 遗嘱的变更或撤销

### 第一千一百五十七条 可以变更遗嘱的情形

遗嘱人在下列情况下有权变更或撤销遗嘱：

（1）订立新的遗嘱明确撤销先前订立的遗嘱或先前订立的遗嘱与新的遗嘱有相抵触的部分；

（2）向公证机构提交声明；

（3）由遗嘱人本人或依据遗嘱人的处分决定由公证员销毁所有的遗嘱文本。

### 第一千一百五十八条 不得恢复已撤销的遗嘱

不得恢复被后订立的遗嘱撤销的遗嘱，在后订立的遗嘱通过提交声明被撤销的情况下同样适用。

### 第一千一百五十九条 数份遗嘱

如果遗嘱人订立数份内容相互补充且又不能完全互相替代的遗嘱，则所有遗嘱均具有效力。

先前订立的遗嘱的内容在未被新遗嘱变更的范围内仍具有效力。

### 第一千一百六十条 经公证的遗嘱的优先性

1. 遗嘱人订立数份遗嘱且其中一份为公证遗嘱的，公证遗嘱的效力优先于其他遗嘱；

2. 以其他方式订立的遗嘱不得撤销公证的遗嘱。

### 第一千一百六十一条　遗嘱失效的理由

在下列情况下遗嘱失效：

（1）遗嘱受益人先于遗嘱人死亡的；

（2）遗产在遗嘱人在世时损毁或遗嘱人将遗产让与他人的；

（3）仅有一个继承人且该继承人放弃继承的。

### 第一千一百六十二条　无效遗嘱

1. 如果存在导致一般行为无效的情况，遗嘱无效。

2. 内容违反法律或公共利益以及有不明确或相互矛盾之处的遗嘱无效。

3. 遗嘱的订立违反法律规定的，或遗嘱是在遗嘱人处于不能意识到其行为的意义且不能加以控制的状态下订立的，法院可以认定该遗嘱无效。

### 第一千一百六十三条　特定遗嘱处分的无效

1. 遗嘱处分中指定继承的物不属于遗产的，该遗嘱处分无效。

2. 遗嘱处分中指定继承的款项不属于遗产的，该遗嘱处分无效。

3. 继承人在一定期限内获得遗产或者继承人晚于被继承人死亡之日以及继承人死亡后遗产必须移转给指定的人的遗嘱处分均无效。

### 第一千一百六十四条　因履行不能导致的遗嘱处分无效

继承人因健康原因或其他客观原因不能完成遗嘱处分的，可以通过提起诉讼认定该遗嘱处分无效。

### 第一千一百六十五条　个别遗嘱处分无效的后果

存在若干遗嘱处分，其中某个遗嘱处分无效或失效，且被继承人未留下其他遗嘱的，剩余的遗嘱处分仍具有效力。

### 第一千一百六十六条　遗嘱无效时的继承

遗嘱被认定无效的，被该遗嘱剥夺继承权的继承人有权基于一般依据接受继承。

#### 第一千一百六十七条　遗嘱有效性的异议

遗嘱的有效性可以由继承人根据法律和其他利益相关者在导致行为无效的情况下提出异议。

#### 第一千一百六十八条　诉讼时效

1. 确认遗嘱无效之诉可以自继承开始之日起两年内提起。

2. 遗嘱人错误地将他人财产作为自己财产指定继承人继承的，本条第一款规定的诉讼时效期间不适用于该财产的所有人。

## 第九章　遗嘱的执行

#### 第一千一百六十九条　执行遗嘱的主体

如果遗嘱中没有说明，则由遗嘱继承人执行。继承人可以通过相互协议将遗嘱的执行委托给其中一人或另一人。

#### 第一千一百七十条　遗嘱执行人的指定

为了准确执行遗嘱处分，遗嘱人可以委托其在遗嘱中指定的一个或数个继承人或非继承人执行遗嘱。在后者情况下，非继承人必须通过在遗嘱上的背书或附于遗嘱上的声明作出同意的意思表示。

#### 第一千一百七十一条　拒绝执行遗嘱

遗嘱执行人有权在任何时间拒绝执行遗嘱人委付的义务，但须就此提前通知遗嘱继承人。

#### 第一千一百七十二条　第三人指定遗嘱执行人

遗嘱人可委托第三人指定遗嘱执行人，该第三人在继承开始后应当立即指定遗嘱执行人并通知遗嘱继承人。第三人可以拒绝实施受托行为，但应当立即就此通知继承人。

#### 第一千一百七十三条　遗嘱执行

可以委托遗嘱执行人执行全部遗嘱或仅执行个别遗嘱处分。

#### 第一千一百七十四条　遗产的保护和管理

遗嘱执行人自继承开始时对遗产负有保护和管理的义务，其有权采取一切必要的措施执行遗嘱。在上述权利范围内，继承人丧失对遗产的管理权。

**第一千一百七十五条　数名遗嘱执行人对遗产的保护和管理**

有数名遗嘱执行人的，仅在以保护遗产为目的的情况下允许个人行为；在其他情况下，必须经过所有遗嘱执行人的同意。

**第一千一百七十六条　遗嘱执行费用的补偿**

1. 遗嘱执行人应当无偿履行义务，但在遗嘱中为其确定报酬的除外。

2. 遗嘱执行人有权从遗产中获得为保护和管理遗产所支付必要费用的补偿。

3. 非继承人的遗嘱执行人无权从遗产中支出其他费用，本法典第一千二百四十四条规定的情况除外。

**第一千一百七十七条　执行人的报告**

遗嘱执行人有义务依据继承人的请求就遗嘱的执行向其提交报告。遗嘱执行人应当履行其职责直到所有继承人接受继承。

**第一千一百七十八条　遗嘱执行人的免职**

遗嘱执行人履行义务时，利害关系人可以向法院请求免除遗嘱执行人的职责。

**第一千一百七十九条　遗嘱执行人的责任**

遗嘱执行人因故意或重大过失违反其依遗嘱应负义务的，应当对因此给继承人造成的损害承担责任。

## 第十章　接受继承和放弃继承

**第一千一百八十条　接受继承**

1. 法定继承人或遗嘱继承人均可接受继承。

2. 继承人向继承开始地的公证处提出接受继承的申请，或实际拥有或管理财产，这无疑是他接受继承的证明，视为继承人接受继承。

3. 如果继承人实际占有了遗产的一部分，则视为继承人已全部接受了遗产，无论其表现形式如何，也无论其处于何地。

4. 继承人中的一个继承人为另一个继承人的利益放弃接受继承份额的，该行为被视为接受继承。

### 第一千一百八十一条　无行为能力人接受继承

完全行为能力人可以接受继承。无行为能力人和限制行为能力人应当通过其法定代理人接受继承。

### 第一千一百八十二条　通过代理人接受继承

继承人可以由本人或通过代理人接受继承。

### 第一千一百八十三条　接受继承的期限

应当自继承开始之日起六个月内接受继承。

### 第一千一百八十四条　接受继承的特别期限

在其他继承人不接受继承的情况下产生继承权的，应当在剩余的规定接受继承期限内接受继承，如果剩余期限少于三个月，则延长至三个月。

### 第一千一百八十五条　接受继承期限的延长

1. 法院认定继承人错过接受继承期限存在正当理由的，可以延长接受继承的期限。接受继承期限届满后，经其他接受继承的继承人同意，继承人可在确定的接受继承期限届满后继承遗产，无须向法院提起诉讼。

2. 在本条第一款规定的情形下迟延接受继承的继承人从其他继承人或向国家转移的财产中获得的份额，实物尚存在的，应当以实物形式转交给该继承人；同时，还应当向该继承人转移其应得财产的剩余部分价值。

### 第一千一百八十六条　不得处分的遗产

在其他继承人未出现时已经开始占有或管理遗产的继承人在自继承开始之日起六个月期限届满前或在收到继承权证明书前无权处分遗产，但用于清偿遗嘱人的护理费、其生病时的医疗费、丧葬费、抚养或赡养依赖被继承人供养的人的费用、支付报酬、保护和管理遗产的费用除外。

### 第一千一百八十七条　对提起诉讼前获得的收益的权利

如果不知道遗嘱存在的法定继承人占有遗产，而遗嘱继承人不知道遗嘱无效，或者如果法定和遗嘱继承人不知道其他更亲近的法定继承人，或者不知道其他遗嘱的存在，那么在提起诉讼之前从遗产中获得的收入仍然是他们的财产；他们也有权请求获得其投入遗产的全部资本。

**第一千一百八十八条　转让遗产中个别物的后果**

属于遗产的物在争议发生前被出卖的，认定买卖行为成立且继续有效，出卖物品获得的收益应当向实际继承人转移。

**第一千一百八十九条　转继承**

继承人在继承开始后未接受继承即死亡的，其从继承中获得的继承份额向其继承人转移（转继承）。已故继承人的继承人必须在接受继承期限届满前的剩余期限内接受继承。该期限少于三个月的，应当延长至三个月。

**第一千一百九十条　未通过转继承接受继承的后果**

1. 未通过转继承接受继承的，不剥夺继承人直接继承已故继承人遗产的权利。

2. 放弃通过转继承获得财产的，财产向与已故继承人共同参加继承的其他继承人转移。

**第一千一百九十一条　遗产清单**

继承人有权在规定的两个月内请求提供遗产清单，该期限应当计入接受继承的总期限之内。

**第一千一百九十二条　遗产所有权的产生**

自继承开始之日起继承人即享有对接受的遗产的所有权。

**第一千一百九十三条　放弃接受继承的期限**

继承人可以自知道或应当知道其被通知参加继承之日起三个月内放弃接受继承。如果有正当理由，则法院可以延长此期限，但不得超过两个月。对接受继承的放弃应当在公证机构办理手续。

**第一千一百九十四条　不允许部分继承**

1. 在任何条件下或任何期限内都不允许接受或放弃部分继承。

2. 如果继承人放弃部分继承或附加任何条件的，视为其放弃继承。

**第一千一百九十五条　放弃继承农业用地**

不从事农业生产的继承人可以放弃继承农业土地、农业设施、农具和牲畜，但不得由此视为该继承人放弃接受全部继承。

**第一千一百九十六条　数个继承份额的接受**

继承人基于不同依据获得若干继承份额的，其可以接受一个继承份额，放弃其他继承份额，或放弃所有继承份额。

**第一千一百九十七条　放弃部分继承**

继承人有权放弃按继承权属于他的遗产的一部分，尽管遗产的其余部分属于继承人。

**第一千一百九十八条　有利他人的放弃**

继承人可以为了法定或遗嘱继承人中其他人的利益放弃继承。

不允许为了不适格继承人或者遗嘱直接指明剥夺继承权的人的利益放弃继承。

**第一千一百九十九条　放弃继承时继承份额的增加**

如果继承人放弃接受继承，但未声明为谁的利益放弃的，其份额补充到法定继承人的份额中，而如果所有遗产由遗嘱分配给遗嘱继承人的，按照遗嘱继承人继承份额的比例分配给他们，除非遗嘱另有规定。

**第一千二百条　唯一继承人放弃继承**

同一顺序中唯一的继承人放弃继承的，遗产应当向后一顺序继承人转移。

**第一千二百零一条　为数个继承人利益放弃继承**

如果继承人为了数个继承人的利益放弃继承，他可以指定他们每个人的份额，在没有这样的指定时，为了继承人的利益声明放弃继承的份额在继承人之间平分。

**第一千二百零二条　为孙子女利益放弃继承**

允许为孙子（孙女）利益放弃继承，如果在继承开始之日前其父母将不在世，孙子（孙女）应当成为被继承人的继承人。

## 第一千二百零三条　国库不得放弃继承

国库无权放弃向其移转的遗产。

## 第一千二百零四条　向公证机构递交申请后不得放弃继承

在继承开始地向公证机构提交有关接受继承或继承证明书的申请后，继承人不得再放弃继承。

## 第一千二百零五条　放弃继承的不可撤销性

1. 继承人关于放弃继承的声明不得撤销。

2. 继承人为无行为能力人或限制行为能力人的，经法院批准允许撤销。

## 第一千二百零六条　实际占有遗产时放弃继承

实际占有或管理遗产的继承人可以在规定的接受继承的期限内继承，但应当向公证机构就此提交相关声明。

## 第一千二百零七条　放弃继承权的移转

1. 继承人放弃继承的权利可以被继承。

2. 继承人在规定的放弃继承期限届满前死亡的，放弃继承权的剩余期限在届满前不终止。

3. 死亡继承人的任何一个继承人仅可以放弃自己的继承份额。

## 第一千二百零八条　通过代理人放弃继承

委托合同（委托授权书）对此有特别规定的，允许通过代理人放弃继承。

## 第一千二百零九条　提出异议的期限

利害关系人自知道提起异议的相关事由之日起两个月内可以对继承的接受和放弃提出异议。

## 第一千二百一十条　接受继承的法定后果的生效时间

接受或放弃继承的，法定后果自继承开始时生效。

# 第十一章　遗产的分割

## 第一千二百一十一条　概念

遗产分割是按照接受遗产继承人的协议进行，并确定法定或遗嘱继承人中每个人的继承份额。

**第一千二百一十二条　被继承人对遗产分割程序的确定**

被继承人可以通过遗嘱确定遗产的分割程序，特别是委托第三人分割遗产。如果第三人的决定明显不公平，则对继承人无约束力。在此情况下，按法院裁决进行分割。

**第一千二百一十三条　遗产实物分配**

任一继承人均可请求以遗产中动产或不动产的实物形式实现自己的继承份额，只要该遗产分割方式可行且不违反法律。

**第一千二百一十四条　礼物计入继承人份额**

在分配遗产时，在继承开始前五年内作为礼物从被继承人处获得的财产价值应计入每一位继承人的份额。

**第一千二百一十五条　根据共同继承人协议出售遗产**

按照共同继承人协议，允许出卖全部遗产并在继承人之间按照各自继承份额的比例分配款项。

**第一千二百一十六条　遗产向一个共同继承人转移**

按照共同继承人协议，可以将全部遗产向一个共同继承人转移，该人同样有义务向其他共同继承人支付相应补偿。

**第一千二百一十七条　遗产分割的中止**

经共同继承人协商，可以在确定的期限内中止遗产的分割。

**第一千二百一十八条　不可分遗产的所有权份额**

除非所有接受遗产的继承人的协议另有规定，财产的分割将导致其经济用途的丧失或削弱，不得分割，并根据继承人的份额成为继承人的共同财产。

**第一千二百一十九条　继承人之间对农业用地的分割**

1. 如果农户所在的农用地的所有者将其遗嘱给数个继承人，或者没有留下遗嘱，并有数个法定继承人，则附有农场的农用地可以在继承人之间分割。如果分配给每一位继承人的地段保证了一个可持续经济的存在。

2. 仅在继承人本人愿意经营农场的情况下，才可以进行农场的分割。如果没有继承人愿意经营，则经所有继承人协商，农场可与农业土地一并出卖并由继承人按照继承份额的比例分配款项。

**第一千二百二十条　不可分割的农业用地**

农业用地不能进行分割的，应当将该农业用地分配给居住在农场中且与被继承人共同经营过农场的继承人；没有这样的继承人的，将该农业用地分配给有能力且同意经营农场的继承人。

**第一千二百二十一条　份额的补偿**

不能获得土地的继承人将从其他财产中获得适当份额，如果其他财产不足，则按规定程序获得适当补偿。

**第一千二百二十二条　遗产分配时胎儿的继承份额**

1. 继承人为未出生的胎儿的，遗产分割只能在胎儿出生后进行。

2. 胎儿出生时为活体的，其他继承人在将其继承份额分离后才可以对剩余遗产进行分割。为了保护新生儿的利益，应当邀请其代理人参加遗产的分割。

**第一千二百二十三条　由某一继承人承担债务**

经共同继承人协商，允许由一个继承人承担所有债务，并以增加其相应的继承份额作为补偿。

**第一千二百二十四条　确保取得继承份额的义务**

每个共同继承人均有义务确保其他共同继承人取得相应的继承份额。当共同继承人因分割而获得请求权时，其他共同继承人在自己相应份额分割时促进债务人的偿付能力，如果该义务履行尚未到期，则在履行义务时促进债务人的偿付能力。

**第一千二百二十五条　按照比例减少继承份额**

如果遗嘱确定的继承份额总和超过全部遗产总额，则所有继承人的继承份额应当按照各自份额的比例减少。

**第一千二百二十六条　遗产分割中争议的解决**

在遗产分割时共同继承人之间没有协议，争议由分割财产时的法院审理，法院应考虑财产分割的性质、每个共同继承人的活动和其他具体情况。

**第一千二百二十七条　继承份额处分权**

1. 每个共同继承人均可处分其继承份额。共同继承人中的一人处分其继承份额的合同，均应经公证员证明。

2. 共同继承人不可以处分自己继承份额中的个别标的。

3. 共同继承人处分其继承份额时，其他共同继承人享有优先购买权，且应当在两个月的期限内行使优先购买权。该权利可以继承。

**第一千二百二十八条　优先购买权的中止**

优先购买权在继承份额移转给其他共同继承人后中止。

**第一千二百二十九条　转让继承份额时债务的清偿**

在继承份额转让给买受人的情况下，买受人有义务根据所购份额的大小清偿债务人的债务。

**第一千二百三十条　继承份额的均等化**

参加继承的继承人为使遗产在分割前其应继承份额均等化，彼此之间有义务以分配父母财产的形式将从在世被继承人处获得的财产列入遗产，被继承人另有规定的除外。

**第一千二百三十一条　后代退出继承的后果**

在继承开始前或开始后，负有使继承份额均等化义务的后代退出继承的，其所负的该义务转由应当取得其继承份额的继承人承担。

**第一千二百三十二条　均等化时对特殊贡献的考虑**

在家庭经济中以自己的劳动，参加被继承人的专业和商业活动，自己有大额开支，或者以其他方式为被继承人遗产的保存和增值做出特殊贡献的后代（旁系亲属），在被继承人财产分割时有权要求与亲属平分，亲属与其一起被视为法定继承人，并要求继承。

**第一千二百三十三条　不得请求均等化**

如果提供服务的亲属已获得报酬或事先确定了报酬，或者提供服务的亲属可根据其他法律依据提出请求，则不存在均等化要求。

### 第一千二百三十四条　请求公平分配

1. 均等化应当依据提供的相应劳务和遗产数额公平地进行。

2. 均等化的数额在分配遗产时应当从遗产总和中扣除，增加到享有均等化请求权的共同继承人的继承份额中。

### 第一千二百三十五条　确定继承人住所地的义务

部分继承人住所地不明的，其他继承人有义务采取适当措施确定其住所地并通知其参加继承。

### 第一千二百三十六条　继承人缺席的后果

1. 已确定位置的继承人缺席参加继承，且在三个月的期限内未放弃继承的，其他继承人有义务通知其自己分割遗产的意图。

2. 如果自接到通知之日起三个月内，缺席的继承人没有通知其他继承人其参加继承分割协议的意愿，则其他继承人有权协商分割遗产，分配缺席继承人的份额。

3. 如果自继承开始之日起六个月内未确定缺席继承人的位置，且没有关于其放弃继承的信息，则其他继承人有权根据本条第二款的规定分割遗产。

### 第一千二百三十七条　优先权

与被继承人共同共有财产的继承人享有共有财产继承的优先权。

### 第一千二百三十八条　继承房屋的优先权

在继承开始前与被继承人共同生活不少于一年的继承人，在遗产分割时享有继承该住宅、公寓或其他房屋及家具的优先权。

### 第一千二百三十九条　考虑继承人的财产利益

继承人在行使优先权时，应当考虑参加继承的其他继承人的财产性利益。遗产不足以支付所有继承份额的，享有优先权的继承人应当向其支付适当金钱补偿或财产补偿。

### 第一千二百四十条　分期补偿

法院有权依据享有优先权的继承人请求，考虑补偿的规模及分期支付，但该分期支付的期间不得超过十年。

## 第十二章　继承人对债权人的清偿

**第一千二百四十一条　继承人对债权人的责任**

1. 继承人有义务按每个债权人在所获得资产中的份额比例全部清偿被继承人债权人的利益。

2. 如果继承人对被继承人转移给其的债务负有连带责任，继承人应承担连带责任。

3. 获得必留份的继承人也有义务对被继承人的债务承担清偿责任。

**第一千二百四十二条　举证责任**

继承人应当证明被继承人的债务超过了遗产，除非遗产由公证人开列清单。

**第一千二百四十三条　委托继承人清偿债务**

遗嘱人可以委托一个或者数个继承人清偿全部或部分债务。

**第一千二百四十四条　通知债权人继承开始的义务**

如果继承人知道死者的债务，继承人有义务通知被继承人的债权人继承开始。

**第一千二百四十五条　债权人提出请求的期限**

1. 被继承人的债权人应当自知道继承开始之日起六个月内向接受继承的继承人提出请求，无须考虑请求期限是否到期。

2. 被继承人的债权人不知道继承开始的，债权人应当从请求期限到期之时起一年内向继承人提出清偿请求。

3. 不遵守这些规则将导致债权人丧失请求权。

**第一千二百四十六条　一般诉讼时效期限的适用**

1. 债权人请求权期间不适用于与被继承人最后患病期间的护理、治疗、工资发放、丧葬、遗产保护和管理有关的支出请求，以及第三人承认财产所有权和要求属于他们的财产的请求。

2. 本条第一款规定的请求权适用于一般诉讼时效期间的规定。

#### 第一千二百四十七条　履行期限延缓

如果债权人在履行期限到来前提出请求的，继承人有权在期限到来前延缓履行。一旦到期，债权人有权在一般诉讼时效期限内要求履行。

#### 第一千二百四十八条　被继承人的债权人优先权

在清偿请求权时，被继承人的债权人优先于继承人的债权人。

#### 第一千二百四十九条　国库对债权人的责任

在没有继承人的财产移转国库时，国库像继承人一样承担被继承人的债务。

#### 第一千二百五十条　债权人获得遗产的后果

如果被继承人将其财产遗嘱给债权人，则不能视为抵消债权人的债权。

#### 第一千二百五十一条　债权人清偿的程序

继承人应当通过一次性付款清偿债权人的债权，除非双方另有约定。

## 第十三章　遗产的保护

#### 第一千二百五十二条　概念

为保护缺席继承人、受遗赠人的利益和公共利益，继承开始地的公证员应当依据利害关系人、遗嘱执行人的建议或主动采取必要的遗产保护措施，直至所有继承人接受继承前或接受继承规定的期限届满为止。

#### 第一千二百五十三条　公证机构保护遗产的义务

如果遗产或其部分不在继承开始地，公证机关应委托财产所在地的公证机关采取措施保护该财产。

#### 第一千二百五十四条　遗产清单

为了保护遗产，公证机构应当列明遗产清单，并将清单交由继承人或第三人保管，同时采取措施寻找不在继承开始地的继承人。

#### 第一千二百五十五条　遗产管理人的指定

如果财产需要管理，以及继承人的债权人被起诉，公证机构应指定财产管理人。如果继承人中至少有一人接受了财产或指定了遗嘱执行人，则不指定管理人。

## 第十四章 继承权证明书

**第一千二百五十六条 概念**

1. 继承人应当向继承开始地的公证机构申请发放继承权证明书。
2. 在法律规定的情形下应当取得继承权证明书。

**第一千二百五十七条 发放继承权证明书的期限**

自继承开始之日起六个月期限届满后向继承人发放继承权证明书。

如果公证机构有证据证明除申请继承权证明书的继承人之外没有其他继承人，则可以自继承开始之日起六个月期限届满前发放继承权证明书。

**第一千二百五十八条 同意列入证书**

在法定期限内未接受继承的继承人，经其他接受继承的继承人同意后可被列入继承权证明书。在发放继承权证明书前，该同意的意思表示应当以书面形式作出。

**第一千二百五十九条 向继承人的继承人发放继承权证明书**

如果被指定接受遗产的继承人在继承开始后死亡，而没有在规定的期限内接受遗产，他的继承人可以获得原被继承人遗留财产的继承证书。

**第一千二百六十条 发放共同继承权证明书**

可以就全部遗产或部分遗产发放继承权证明书。可以依据继承人的意愿向全体继承人发放共同继承权证明书或分别向各继承人发放继承权证明书。向一个继承人就部分遗产发放继承权证明书的，不剥夺其他继承人取得就剩余遗产发放的继承权证明书的权利。

# 第五部分 《乌兹别克斯坦共和国民法典》继承法编

《乌兹别克斯坦共和国民法典》继承法部分1996年8月29日经乌兹别克斯坦共和国议会（257-Ⅰ）通过，1997年3月1日生效。2009年至2023年先后修改了24次。此文本根据2023年11月7日修改的文本翻译而成。

## 目 录

第五编 继承法

  第六十六章 继承的一般规定

  第六十七章 遗嘱继承

  第六十八章 法定继承

  第六十九章 遗产的取得

# 第五编 继 承 法

## 第六十六章 继承的一般规定

**第一千一百一十二条 继承的依据**

继承依据遗嘱和法律进行。

在没有遗嘱或遗嘱确定的不是全部遗产，以及在本法典规定的其他情形下进行法定继承。

**第一千一百一十三条　遗产的构成**

遗产包括被继承人在继承开始时拥有的所有权利和义务，这些权利和义务不因其死亡而终止。

下列与被继承人的人身不可分割的权利和义务不纳入遗产的构成：

参加商业和其他法人组织的成员权，法律或合同另有规定的除外；

造成生命或健康的损害赔偿权利；

赡养之债产生的权利和义务；

根据劳动和社会保障法享有养老金、津贴和其他福利的权利；

与财产权无关的人身非财产权；

被继承人的人身非财产权和其他非物质利益可以由继承人行使和保护。

**第一千一百一十四条　共同共有财产的继承**

共有财产所有权参加者的死亡是确定其在共有财产权中所占份额和分割共有财产的依据，或者按照本法典第二百二十六条规定的程序，从中分离出已故参加者的份额。在这种情况下，属于已故参加者份额的共同共有财产继承开始，在无法进行实物分割时，则应为该份额的价值分割。

共同共有人有权以遗嘱处分其在共有财产权利中的份额，该份额根据本条第一款在其死后确定。

**第一千一百一十五条　德坎农场土地占有权的继承**

德坎（农民）农场土地占有权的继承由本法典规则调整，法律另有规定的除外。

**第一千一百一十六条　继承的开始**

继承自公民死亡或法院宣告其死亡时开始。

继承开始的时间为被继承人死亡之日（如有必要，精确到死亡时间），被继承人被宣告死亡的，继承开始的时间为法院宣告其死亡的判决生效之日，除非法院判决另有日期。

互有继承权的人在同一日（二十四小时内）死亡的，视为同时死亡且继承在所有人死亡后开始，每个人的继承人均参加继承。

### 第一千一百一十七条 继承开始地

继承开始地是指被继承人的最后住所地。被继承人的最后住所地不明的，继承开始地为被继承人所有的不动产或其主要部分所在地；没有不动产的，为动产主要部分所在地。

### 第一千一百一十八条 继承人

继承开始时在世的公民，以及在被继承人生前受孕而在继承开始后出生时为活体的子女均可成为遗嘱继承人和法定继承人。

继承开始时已经设立的法人、国家和公民自治机关均可成为遗嘱继承人。

### 第一千一百一十九条 从继承中排除不适格继承人

故意剥夺或企图谋害被继承人或任何可能的继承人生命的人，无权进行遗嘱继承或法定继承。遗嘱人在该人企图谋害其生命后订立遗嘱的除外。

故意妨碍被继承人遗愿的实现以促成本人或与其亲近的人参加继承或增加其继承份额的人，无权进行遗嘱继承或法定继承。

被剥夺对子女的亲权且在继承开始时没有恢复该权利的父母，以及拒绝履行抚养或赡养遗嘱人的法定义务的父母（养父母）和成年子女（养子女）均无权进行法定继承。

由法院根据与继承有关的承担财产后果的人的诉讼请求，确定排除不适格继承人的情况。

本条的规定也适用于遗赠。

本条规定适用于所有继承人，包括有必留份权的继承人。

## 第六十七章 遗嘱继承

### 第一千一百二十条 一般规定

遗嘱是指公民处分在其死亡时所拥有的财产或权利的意思表示。

遗嘱应当由本人订立。不得通过代理人订立遗嘱。

公民可以通过遗嘱将其全部或部分财产指定给一人或数人继承，继承人可以是法定继承人或非法定继承人，也可以是法人、国家或地方自治组织。

遗嘱人有权剥夺一个、数个或所有法定继承人的继承权，且无须说明理由。法定继承人被剥夺继承权的，不延伸剥夺进行代位继承的该继承人的后代的继承权，遗嘱另有说明的除外。

被继承人有权就其任何财产订立遗嘱。

被继承人有权订立包含在订立遗嘱时不属于其的财产的遗嘱，如果在继承开始时该财产归其所有，则该遗嘱有效。

被继承人在遗嘱订立后的任何时间均可撤销和变更遗嘱且没有义务说明撤销或变更的原因。

被继承人无权对在遗嘱中被指定为继承人的人施加在其死亡时以特定方式处分通过遗嘱继承的财产的义务。

### 第一千一百二十一条　附条件的遗嘱

遗嘱人有权根据继承人行为的性质以特定的合法条件决定获得的遗产。

指定继承人或剥夺继承权的指令中包含的不合法条件无效。

由于继承人的健康状况或其他客观原因无法成就遗嘱中的条件，可以经继承人提起诉讼认定无效。

### 第一千一百二十二条　继承人的再指定

遗嘱人可以在继承人于继承开始前死亡、不接受继承或放弃继承，或根据本法典第一千一百一十九条规定的程序被认定为不适格继承人而将其从继承中排除，以及遗嘱继承人未能满足被继承人附加的合法条件的情况下指定另一继承人（继承人的再指定）。

任何根据本法典有资格成为继承人的人均可被再指定为继承人。

遗嘱继承人不得以不利于再指定的继承人的方式放弃继承。

### 第一千一百二十三条　遗嘱未处分的财产部分的继承

遗嘱未处分的财产应根据本法典第一千一百三十四条至第一千一百四十

三条规定的程序分配给法定继承人。

这些继承人包括遗嘱留下的其他部分财产的法定继承人。

**第一千一百二十四条　遗嘱形式的一般规定**

遗嘱应当以书面形式订立，并注明订立的地点和时间。

下列遗嘱应当被认定为以书面形式订立的遗嘱：

经公证的遗嘱；

相当于经公证的遗嘱。

以书面形式订立的遗嘱应当由遗嘱人亲笔签名。

如果遗嘱人因身体残疾、疾病或文盲而不能亲笔签署遗嘱，经遗嘱人请求，遗嘱人可以在公证人或依法证明遗嘱的另一人在场的情况下由其他人签署，但须指明遗嘱人不能亲笔签署遗嘱的原因。

不能代替遗嘱人签署遗嘱的：

公证员或其他证明遗嘱的人；

遗嘱受益人或受遗赠人，其配偶、子女、父母、孙子女和曾孙子女以及遗嘱人的法定继承人；

不具有完全行为能力的公民；

文盲和其他无能力阅读遗嘱的人；

有作伪证前科的人。

**第一千一百二十五条　经公证的遗嘱**

经公证的遗嘱应当由遗嘱人本人书写或由公证员依照遗嘱人口述书写。公证员依照遗嘱人口述书写遗嘱时，可以使用被普遍接受的技术设备（打字机、个人电脑等）。

公证员依照遗嘱人口述书写的遗嘱，遗嘱人在遗嘱上签名前，应当在公证员在场的情况下完整阅读。

遗嘱人因身体缺陷、疾病或文盲不能自己阅读遗嘱的，应当在公证员在场的情况下由见证人为其宣读遗嘱文本，在遗嘱中应当就此作出相应记载，并说明遗嘱人不能亲自阅读遗嘱的原因。

依据遗嘱人的意愿，遗嘱可以由公证员在未知悉遗嘱内容的情况下进行公证（秘密遗嘱）。

为避免秘密遗嘱无效，应当由遗嘱人亲笔书写并签名。遗嘱应当在两名见证人和公证员在场的情况下密封在信封中，由见证人在信封上签名并注明姓名、父称和经常居住地。见证人签名的信封应当在见证人和公证员在场的情况下密封在另一信封中，在该另一信封上由公证员进行证明背书。

**第一千一百二十六条　相当于经公证的遗嘱**

下列遗嘱相当于经公证的遗嘱：

在医院、疗养院和其他住院医疗机构中治疗的人或居住在养老院和残疾人福利院的公民，经该医院、疗养院和其他医疗机构的主任医师、副主任医师或值班医生证明，以及经该养老院和残疾人福利院的院长或主任医师证明的遗嘱；

正在航行的悬挂乌兹别克斯坦共和国国旗的船只上的公民经该船只船长证明的遗嘱；

在探险队或考察队的公民经该探险队或考察队队长证明的遗嘱；

在没有公证员的武装部队驻地服役的军人及其家庭成员，以及在这些部队从事文职工作的人员和其家庭成员经该部队首长证明的遗嘱；

在被剥夺自由场所或被拘留的人经该相应机构的负责人证明的遗嘱；

居住在没有公证员的居民点的人经依法有权进行公证的公职人员证明的遗嘱。

本法典第一千一百二十五条的规定适用于本条第一款规定的遗嘱，但遗嘱须经公证的除外。

**第一千一百二十七条　遗嘱的撤销和变更**

遗嘱人有权在任何时间撤销其订立的整个遗嘱或通过撤销、修改或补充遗嘱中载明的某些遗嘱的方式变更遗嘱，订立新的遗嘱。

遗嘱可以由遗嘱人，或依据遗嘱人的书面处分决定由公证员或其他公职人员通过销毁所有遗嘱文本撤销。

先前订立的遗嘱可以由后订立的遗嘱全部或在相悖的范围内部分撤销。

被后订立的遗嘱全部或部分撤销的先前订立的遗嘱，即使后订立的遗嘱被遗嘱人撤销或变更，也不得恢复。

**第一千一百二十八条　遗嘱秘密**

公证员、其他证明遗嘱的人、见证人以及代替遗嘱人签名的公民在继承开始前均无权泄露涉及遗嘱内容及其订立、撤销或变更的信息。

**第一千一百二十九条　遗嘱的解释**

在公证员、遗嘱执行人或法院解释遗嘱时，应当考虑遗嘱中所含词语和表达的字面含义。遗嘱的某条款的字面含义不明的，可以通过比较该条款与其他条款以及整个遗嘱的含义查明。

**第一千一百三十条　无效遗嘱**

以不适当形式订立的遗嘱无效。本法典关于法律行为无效的规定也适用于遗嘱无效的认定。

经遗嘱无效对其产生财产后果的人提起诉讼，如果遗嘱违反本法典规定的遗嘱订立、签名和证明程序的，可以宣布遗嘱无效。

遗嘱中部分处分内容被认定为无效不影响遗嘱其他部分的效力。

在遗嘱无效的情况下，依据该遗嘱被剥夺继承权的继承人有权获得基于一般依据产生的继承权。

**第一千一百三十一条　遗嘱的执行**

遗嘱人可以委托遗嘱中指定的非继承人的人（遗嘱执行人）执行遗嘱。该人通过在遗嘱上的亲笔签名或附于遗嘱的声明中同意担任遗嘱执行人。

继承人可以通过订立协议委托一个继承人或其他人执行遗嘱。在不能达成该协议的情况下，可以由法院依据一个或数个继承人的请求指定遗嘱执行人。

遗嘱执行人有权在任何时间拒绝履行遗嘱人委托的义务，但须就此提前通知遗嘱继承人。法院可以依据继承人的申请判决免除遗嘱执行人的义务。

遗嘱执行人应当：

保护和管理遗产；

采取一切可能的措施，为所有继承人和受遗赠人的利益通知其继承的开始以及遗赠的情况；

收取应向被继承人支付的款项；

根据继承人的意愿和法律向继承人分配其应得的财产；

确保继承人履行委托的遗赠义务；

执行遗嘱委托或要求遗嘱继承人执行遗嘱委托。

遗嘱执行人有权以自己的名义参加与遗产管理和遗嘱执行有关的司法和其他事务，也可以被要求参加此类事务。

遗嘱执行人应在清理遗产债务、收取应向被继承人支付的款项和使所有继承人获得继承权所需的合理期限内履行其职能。在任何情况下，该期限均不得超过自继承开始之日起一年。

遗嘱执行人有权从遗产中获得管理遗产或执行遗嘱的必要费用的补偿。遗嘱中可以规定以遗产为限向遗嘱执行人支付报酬。

遗嘱执行后，遗嘱执行人有义务依据继承人的请求向其提交报告。

**第一千一百三十二条　遗赠**

遗嘱人有权要求遗嘱继承人通过遗产为一人或数人（受遗赠人）的利益履行义务（遗赠），受遗赠人有权要求执行遗赠。

受遗赠人可以是法定继承人，也可以不是法定继承人。

遗赠的标的可以是向受遗赠人转移遗产中的物的所有权、使用权或其他物权，取得和向其移转不属于遗产的财产，为其完成特定的工作，向其提供特定的服务等。

被遗嘱人要求承担遗赠义务的继承人应当在其被移转的遗产的实际价值范围内执行遗赠，且须扣除用以清偿遗嘱人债务的部分。

如果承担遗赠义务的继承人拥有对遗产的必留份，则其执行遗赠的义务仅限于已转移给其超出必留份份额的遗产价值。

如果遗赠的义务是由全部或数个继承人承担，则遗赠的义务由各继承人按照其继承份额负担，遗嘱另有说明的除外。

对于继承住宅、公寓或其他房屋的继承人，遗嘱人有权要求其履行向其他人提供该房屋或其某一部分的终身使用权的义务。在住宅所有权随后的转让中，终身使用权继续有效。

住宅终身使用权不可剥夺，不得转让，也不得向受遗赠人的继承人移转。

向受遗赠人提供的住宅终身使用权不能成为其家庭成员在该住宅内居住的依据，但遗嘱另有说明的除外。

在负有遗赠义务的继承人死亡或其不接受遗产的情况下，遗赠执行移转给获得其份额的其他继承人，如果财产成为无人继承，则移转给国家或公民自治机构。

在继承开始前或者开始后，受遗赠人死亡的情况下，遗嘱继承人来得及接受继承时，遗赠可不被执行。

受遗赠人不对被继承人的债务承担责任。

**第一千一百三十三条　委托责任**

遗嘱人可以委托遗嘱继承人实施或拒绝实施任何行为的义务，不授予任何人作为债权人履行该义务的请求权。为了实现公共利益的目的，遗嘱执行人可以为了执行委托以被继承人分出的部分财产承担义务。

本法典第一千一百三十二条所载规则适用于以有财产性质行为为标的的委托。

根据本法典在属于继承人的继承份额上执行委托的义务移转给其他继承人的，执行委托义务终止。

## 第六十八章　法　定　继　承

**第一千一百三十四条　一般规定**

法定继承人根据本法典第一千一百三十五条至第一千一百四十一条规定的顺序参加继承。

在法定继承的情况下，被收养人和其后代一方，与其收养人和其亲属一方，完全等同于血亲。

被收养人及其后代在被收养人的亲生父母和其他直系血亲死亡后不得进行法定继承。

被收养人的亲生父母和其直系血亲在被收养人及其后代死亡后不得进行法定继承。

各在后顺序的法定继承人只有在在先顺序的继承人缺失、丧失继承权、不接受继承或放弃继承的情况下才能取得继承权。

**第一千一百三十五条　第一顺序的法定继承人**

被继承人的子女（包括养子女）、配偶（夫妻）和父母（养父母）是第一顺序的法定继承人。第一顺序的法定继承人还包括在被继承人死亡后出生的子女。

**第一千一百三十六条　第二顺序的法定继承人**

被继承人的同父同母兄弟姐妹和同父异母（同母异父）兄弟姐妹及其祖父母和外祖父母是第二顺序的法定继承人，取得同等份额的法定继承权。

**第一千一百三十七条　第三顺序的法定继承人**

被继承人的叔伯姑舅姨是第三顺序的法定继承人，取得同等份额的法定继承权。

**第一千一百三十八条　第四顺序的法定继承人**

在第六位阶之前的被继承人的其他亲属获得第四顺序法定继承权，并且位阶较近的亲属相对于位阶较远的亲属有优先继承权。

参加继承的第四顺序继承人取得同等份额的法定继承权。

**第一千一百三十九条　第五顺序的法定继承人**

没有根据本法典第一千一百四十一条进行继承的被继承人抚养的无劳动能力人是第五顺序的法定继承人。

**第一千一百四十条　代位继承**

代位继承要求法定继承人在继承开始前死亡的，其份额移转给其后代，该份额将在与法定继承人处于同一位阶的亲属的后代之间平均分配。

在直系降序亲属的继承中，代位继承权不受亲属关系位阶的限制；而在同一继承顺序的继承中，由被继承人的侄子女对被继承人的兄弟姐妹进行代位继承，或由被继承人的兄弟姐妹的侄子女对被继承人的叔伯姑舅姨进行代位继承。

**第一千一百四十条之一　转继承**

如果遗嘱或者法定继承人在继承开始后死亡，没有时间接受遗产，其应得的继承接受权移转其法定继承人，而如果所有继承的财产都已有遗嘱，则转让给其遗嘱继承人（转继承）。

已故继承人的继承接受权可由其继承人基于一般依据行使。

本法典第一千一百四十二条规定的继承人接受部分遗产作为必留份的权利不得转让其继承人。

**第一千一百四十一条　被继承人抚养的无劳动能力人的继承**

在被继承人死亡前有不少于一年处于由被继承人抚养的状态且与被继承人共同生活的无劳动能力人属于法定继承人。在有其他法定继承人的情况下，其与参加继承的顺序的继承人共同享有继承权。

属于本法典第一千一百三十六条至第一千一百三十八条规定的法定继承人但又不属于参加继承的顺序的公民，在被继承人死亡前有不少于一年处于由被继承人抚养的状态，且在继承开始时无劳动能力的，则无论是否与被继承人共同生活，其与该顺序的继承人共同享有继承权。

根据本条被要求继承的人在有其他法定继承人时，共同继承不超过遗产的四分之一。

**第一千一百四十二条　遗产中的必留份权利**

被继承人的未成年子女或无劳动能力的子女，包括被收养的子女，以及无劳动能力的配偶和父母，包括收养人，不论遗嘱内容如何，在法定继承时继承的份额不少于其每个人应得份额的一半（必留份）。

享有必留份权利的继承人基于任何依据取得的一切遗产，包括构成日常家用的家具、日常生活物品的财产价值和以该继承人为受益人设立的遗赠的价值均计入必留份。

在遗嘱中对享有必留份权利的继承人设立的任何限制和负担，只有在转移给该继承人的遗产超过必留份时才有效。

**第一千一百四十三条　配偶在继承中的权利**

配偶享有遗嘱继承权或法定继承权，但其继承权不包括其与被继承人婚姻存续期间其他的财产权利，包括婚姻存续期间共同积累而属于共有部分的财产的所有权。

**第一千一百四十四条　法定继承中遗产的保护和管理**

如果财产的一部分是依据遗嘱继承的，则由被继承人指定的遗嘱执行人实施对全部遗产的保护和管理，包括依法定继承程序移转的那部分遗产。

根据本法典第一千一百三十一条由遗嘱继承人或法院指定的遗嘱执行人，应履行保护和管理整个遗产的职能，但法定继承人不要求执行上述职能且按照法定继承程序移转的部分遗产除外。

遗产管理人由继承开始地的公证员依据一个或数个法定继承人的请求指定。不同意指定遗产管理人的法定继承人有权就遗产管理人指定纠纷向法院提出异议。

如果法定继承人缺席或下落不明，则地方国家权力机关和公民自治机关应当向公证员要求指定遗产管理人。在法定继承人出现的情况下，可以依据其请求以遗产补偿必要的开支和支付合理的报酬后撤销遗产管理人。

遗产管理人行使本法典第一千一百三十一条规定的适用于遗嘱执行人的权限，除非法定继承特殊性另有规定。

遗产管理人享有以财产获得补偿必要的保护和管理遗产开支的权利，在其与继承人之间的协议没有另外约定的情况下还享有获得报酬的权利。

## 第六十九章　遗产的取得

**第一千一百四十五条　一般规定**

继承人自继承开始之时起获得其应得遗产或其一部分（份额），除非他后来放弃继承，被剥夺继承权，或因指定为继承人的遗嘱无效而丧失继承权。

### 第一千一百四十六条　继承权证明书的发放

继承开始地的公证员必须给提出申请的继承人发放继承权证明书。

自继承开始之日起六个月期限届满后向继承人发放继承权证明书。

在法定继承和遗嘱继承时，如果公证人有证据表明，除申请发放证书的人外，有关财产或所有遗产没有其他继承人，则可以在上述期限届满前签发证书。

### 第一千一百四十七条　放弃继承的权利

自继承开始之日起继承人有权在任何时间放弃继承。

继承的放弃以继承人向继承开始地的公证员提交申请的方式完成。

如果在委托书中专门规定放弃继承的权限，则放弃继承可以通过代理人进行。

继承的放弃不得变更或撤销。

### 第一千一百四十八条　放弃继承权的限制

如果继承人既依据遗嘱进行继承，又进行法定继承，则其有权基于其中一种或两种依据放弃继承。

继承人有权放弃增加的继承份额的继承，不影响继承其他部分遗产。

在放弃继承时继承人有权指明，他放弃继承是为了遗嘱或者法定继承人中的其他人的利益。

除本条规定情况外，不得放弃部分继承，不得放弃有保留或附条件的继承。

### 第一千一百四十九条　放弃接受遗赠的权利

受遗赠人有权放弃接受遗赠。不得放弃部分遗赠，或在有保留或附条件的情况下放弃遗赠，或指明受益人放弃遗赠。

本条规定的放弃遗赠权，独立于同时是继承人的受遗赠人的权利。

如果受遗赠人行使了本条规定的权利，负担遗赠的继承人将被解除执行义务。

**第一千一百五十条　遗产的分割**

任何接受遗产的法定继承人均有权要求分割遗产。

遗产的分割按照继承人应得份额协议进行，如果没有达成协议，则通过司法程序进行。

如果全部或部分遗产没有指明具体财产按份遗嘱给继承人时，本条规则适用于遗嘱继承人之间的遗产分割。

**第一千一百五十一条　缺席继承人的权利**

如果继承人中有下落不明的人，则其余继承人、遗嘱执行人（遗产管理人）和公证员必须采取合理措施确定其位置并通知其参加继承。

如果被要求继承的已确定位置的缺席继承人在规定期限内未放弃继承，则其他继承人应当通知其自己分割遗产的意图。如果自前款规定的通知之日起三个月内，缺席继承人没有通知其他继承人其参加继承分割协议的意愿，则其他继承人有权通过协议分割遗产，分配缺席继承人应得的份额。

如果自继承开始之日起一年内未确定缺席继承人的位置，且没有关于其放弃继承的信息，则其他继承人有权根据本条第二部分的规则分割遗产。

在存在已经受孕但尚未出生的继承人的情况下，继承的分割应在该继承人出生后进行。

如果胎儿出生时是活体的，则其他继承人只能通过分配其应得的继承份额分割遗产。为了保护新生儿的利益，可以邀请保护和监护机关代表参加。

**第一千一百五十二条　企业的继承**

除非所有接受继承的继承人的协议另有规定，构成遗产的企业不得实物分割，并应根据继承人应得的份额构成继承人的共有财产权。

**第一千一百五十三条　特定继承人对遗产中财产的优先权**

分配遗产时在继承开始前三年与被继承人共同居住的继承人，享有从遗产中获得住宅、公寓或其他房屋，以及家庭用具和日常生活用品的优先权。

分配遗产时与被继承人共同共有财产的继承人享有从遗产中获得实物财产的优先权。

在行使本条第一款和第二款规定的优先权时，必须考虑参加分割的其他继承人的财产利益。如果由于行使这些权利而导致构成遗产的财产不足以向其他继承人分配其应得的继承份额，则行使优先权的继承人应向其提供适当的金钱补偿或财产补偿。

**第一千一百五十四条　继承份额的增加**

在继承人放弃继承或者因本法典第一千一百一十九条所述的丧失继承的情况下，该继承人应得的部分遗产加入参加继承的法定继承人的财产，并按其继承份额的比例在他们之间分配。

如果被继承人将全部财产通过遗嘱处分给其指定的继承人，则放弃继承或因上述其他原因丧失继承权的继承人的应得继承份额由其他遗嘱继承人继承，并按其继承份额的比例分配，遗嘱另有说明的除外。

本条第一款的规定不适用于下列情形：

如果放弃继承或丧失继承权的继承人被再指定为继承人；

如果继承人为特定人利益放弃继承；

在法定继承的情况下，继承人放弃继承或丧失继承权导致下一顺序继承人被要求继承。

**第一千一百五十五条　因继承产生的费用**

在遗产分配给继承人前，需先清偿治疗被继承人疾病的必要费用，被继承人的丧葬费，与保护、管理遗产和执行遗嘱有关的费用，以及向遗嘱执行人或遗产管理人支付的报酬。该项请求权优先于其他所有请求权，包括由抵押及质押所担保的请求权，从遗产价值中得到满足。

**第一千一百五十六条　债权人对被继承人债务的追偿**

被继承人的债权人有权向遗嘱执行人（遗产管理人）或继承人主张基于被继承人的义务而产生的债权。在此情况下，继承人作为共同债务人在向其转移的财产的价值范围内承担连带责任。

**第一千一百五十七条　无人继承的财产**

如果既没有法定继承人，也没有遗嘱继承人，或没有人有继承权，或所有人均放弃继承，该遗产将被视为无人继承的财产。

遗产应当自继承开始之日起三年届满后，依据当地政府机关或公民自治机关的申请，由法院认定为无人继承的财产。如果保护和管理遗产的费用超过其价值，则可以在规定期限届满前将遗产确认为无人继承的财产。

无人继承的财产转归构成遗产的相应财产所在地的公民自治机关所有。

无人继承的财产的保护和管理根据本法典第一千一百四十四条的规定进行。

# 第六部分 《乌克兰民法典》继承法编

《乌克兰民法典》继承法部分 2003 年 1 月 16 日经乌克兰内阁（435 - Ⅳ）通过，2004 年 1 月 1 日生效。2009 年至 2023 年先后修改了 145 次。此文本根据 2023 年 7 月 14 日修改的文本翻译而成。

## 目 录

第六编 继承法
　第八十四章 继承的一般规定
　第八十五章 遗嘱继承
　第八十六章 法定继承
　第八十七章 继承权的行使
　第八十八章 遗嘱的执行
　第八十九章 继承权的确定
　第九十章 继承协议

# 第六编 继 承 法

## 第八十四章 继承的一般规定

**第一千二百一十六条 继承的概念**

继承是指因自然人（被继承人）的死亡，其权利和义务（遗产）转移给他人（继承人）。

**第一千二百一十七条 继承的类型**

继承依据遗嘱或法律进行。

**第一千二百一十八条 遗产的构成**

遗产包括被继承人在继承开始时拥有的所有权利和义务，这些权利和义务不因其死亡而终止。

**第一千二百一十九条 非继承人的权利和义务**

与被继承人的人身不可分割的权利和义务不属于遗产，包括：

（1）与财产权无关的人身非财产权；

（2）社团参加权和公民协会成员权，法律或其成立文件另有规定的除外；

（3）获得致残或其他健康损害赔偿的权利；

（4）根据劳动和社会保障法享有赡养费、养老金、津贴和其他福利的权利；

（5）本法典第六百零八条规定的个人作为债权人或债务人的权利和义务。

**第一千二百二十条 继承的开始**

1. 继承自公民死亡或被法院宣告死亡时开始。

2. 继承开始的时间为被继承人死亡之日，公民被宣告死亡的，继承开始的时间根据本法典第四十六条第三款的规定确定。

3. 互有继承权的继承人在同一日死亡的,这些继承人的继承同时开始且独立进行。

4. 互有继承权的人在同一日遇险(自然灾害、事故等)死亡的,视为同时死亡。继承在所有人死亡后开始,每个人的继承人均参加继承。

**第一千二百二十一条　继承开始地**

1. 继承开始地是指被继承人的最后住所地。

2. 被继承人住所地不明的,以不动产或不动产主要部分所在地为继承开始地,没有不动产的,以动产主要部分所在地为继承开始地。

3. 在特殊情况下,继承开始地由法律规定。

**第一千二百二十二条　继承人**

1. 在继承开始时,在世的自然人以及在被继承人生前受孕而在继承开始后出生时为活体的人均可成为遗嘱继承人和法定继承人。

2. 法人和其他民事法律关系的参与者(本法典第二条)均可成为遗嘱继承人。

**第一千二百二十三条　继承权**

1. 遗嘱中指定的人享有继承权。

2. 在没有遗嘱、遗嘱无效、不接受继承或遗嘱继承人放弃继承或未全部接受继承的情况下,本法典第一千二百六十一条、第一千二百六十五条规定的人享有继承权。

3. 继承权自继承开始之日起产生。

**第一千二百二十四条　继承权的排除**

1. 故意或企图剥夺被继承人或任何可能的继承人生命的人无权继承。

对于企图实施上述行为的人,被继承人知道但仍指定其为遗嘱继承人的,不适用本条第一款的规定。

2. 故意阻碍被继承人订立遗嘱、变更遗嘱或撤销遗嘱以促成本人或他人的继承权的产生或增加其继承份额的人,无权继承。

3. 被剥夺亲权且在继承开始时没有恢复该权利的父母对子女不享有法定继承权。

父母（收养人）和成年子女（被收养人）以及其他人逃避抚养或赡养义务且经法院认定的，不享有法定继承权。

4. 婚姻无效或经法院认定婚姻无效的双方之间不享有法定继承权。

如果配偶一方死亡后婚姻被宣布无效，且尚在世的另一方在婚姻登记前不知道或不可能知道婚姻存在障碍，则其有权继承死亡一方在婚姻存续期间获得的财产中的份额。

5. 被证实逃避向因高龄、重病或残疾而处于无助状态的被继承人提供帮助的人，可以根据法院的判决排除其法定继承权。

6. 本条规定适用于所有继承人，包括有获得必留份权的继承人和被遗赠人。

**第一千二百二十五条　土地权继承**

1. 土地所有权基于一般理由移转给继承人，并保留其指定用途。

2. 土地的所有权或使用权移转给住宅、其他建筑和设施的继承人。

3. 住宅和其他建筑物、设施的继承人享有为其服务所需的土地的所有权或使用权，遗嘱对土地面积另有说明的除外。

**第一千二百二十六条　共同共有所有权份额的继承**

1. 共同共有所有权份额的继承基于一般依据进行。

2. 共同共有所有权份额的权利主体有权在确定共有财产权利和分配实物前将其份额通过遗嘱处分给他人。

**第一千二百二十七条　获得被继承人应得的工资、养老金、助学金、赡养费和其他社会福利的权利**

被继承人应得的但在世时尚未领取的工资、养老金、助学金、赡养费、暂时丧失工作能力补助金、致残或其他健康损害赔偿金以及其他社会福利金，向被继承人家庭成员转移；没有家庭成员的，纳入遗产。

**第一千二百二十八条　银行（金融机构）存款权继承**

1. 存款人有权在死亡时通过立遗嘱或向银行（金融机构）发出通知的方式处分在银行（金融机构）中的存款。

2. 存款权是遗产的一部分，无论其处置方式如何。

3. 在向银行（金融机构）发出命令后签署的遗嘱，如果遗嘱改变了应继承存款权的人，或者如果遗嘱涉及继承人的全部财产，则全部或部分取消。

**第一千二百二十九条　保险赔偿权利（保险赔偿金）的继承**

1. 保险金（保险赔偿金）基于一般依据继承。

2. 如果被保险人在人身保险合同中指定一个人在其死亡时有权获得保险金，则该权利不属于遗产的构成。

**第一千二百三十条　损失、精神损害赔偿和支付违约金权利的继承**

1. 继承人有权获得在合同义务中对被继承人造成损失的赔偿。

2. 继承人有权获得被继承人因其债务人未履行其合同义务而获得的法院在其在世时判决的违约金追偿权（罚款、罚金）。

3. 继承人有权获得法院在被继承人在世时裁定的精神损害赔偿。

**第一千二百三十一条　被继承人造成的财产损害（损失）和精神损害赔偿的义务的继承**

1. 继承人有义务承担被继承人造成的财产损害（损失）赔偿。

2. 继承人有义务承担被继承人在世时法院判决的被继承人造成的精神损害赔偿。

3. 继承人有义务承担被继承人在世时法院判决的被继承人应向债权人支付的违约金（罚款、罚金）。

4. 由继承人承担的被继承人造成的财产损害赔偿和精神损害赔偿，以其继承的动产或不动产的价值为限。

5. 如果继承人承担的赔偿与其获得的动产或不动产的价值相差过大，法院可以依据继承人的请求减少违约金（罚款、罚金）、财产损害（损失）赔偿金和精神损害赔偿金。

**第一千二百三十二条　继承人清偿被继承人的赡养、护理、治疗和丧葬费用的义务**

1. 继承人有义务清偿继承人之一或其他人为赡养、护理、治疗和安葬被继承人支付的合理费用。

2. 被继承人的赡养费、护理费、治疗费可以在其死亡前三年内追偿。

**第一千二百三十二条之一　房屋租赁合同权利和义务的继承**

1. 被继承人根据房屋租赁合同享有的所有权利和义务均向继承人转移。

2. 继承人放弃房屋租赁按照本法典第一千二百七十三条规定的程序办理。

3. 继承人主动提前终止房屋租赁合同的，按照法律规定的程序办理。

## 第八十五章　遗　嘱　继　承

**第一千二百三十三条　一般规定**

遗嘱是指自然人在其死亡时的个人处分。

**第一千二百三十四条　遗嘱权利**

1. 具有完全民事行为能力的自然人有权订立遗嘱。

2. 遗嘱应当由遗嘱人本人订立。不得通过代理人订立遗嘱。

**第一千二百三十五条　遗嘱人指定继承人的权利**

1. 遗嘱人可以指定一个或数个自然人为其继承人，不论其是否与这些人有家庭关系、亲属关系或民事法律关系。

2. 遗嘱人可以剥夺任何法定继承人的继承权，且无须说明理由。在这种情况下，该人无权继承。

3. 遗嘱人不得剥夺有权获得必留份的人的继承权。遗嘱对有权在遗产中享有必留份权利的人的效力应当在继承开始时确定。

4. 被剥夺继承权的人在遗嘱人死亡前死亡的，对其继承权的剥夺即失效。该人的子女（孙子女）基于一般依据享有继承权。

**第一千二百三十六条　遗嘱人确定依据遗嘱继承的遗产范围的权利**

1. 遗嘱人有权在订立遗嘱时将属于他的权利和义务以及将来可能属于他

的权利和义务包括在内。

2. 遗嘱人有权就全部或部分遗产订立遗嘱。

3. 如果遗嘱人在遗嘱中只将自己的权利在继承人之间分配，他指定的继承人将承担与其所获得的权利相称的义务。

4. 关于遗产构成的遗嘱效力应当在继承开始时确定。

**第一千二百三十七条　遗嘱人的遗赠权**

1. 遗嘱人有权在遗嘱中作出遗赠的意思表示。

2. 受遗赠人可以是法定继承人，也可以不是法定继承人。

**第一千二百三十八条　遗赠的标的**

1. 遗赠的标的是移转给受遗赠人的财产所有权或者其他物权，以及属于或不属于遗产的物。

2. 对于住宅、公寓或其他动产或不动产转让给继承人的，遗嘱人有权赋予他人这些财产的使用权。住宅、公寓或其他动产或不动产的使用权在其所有人随后变更的情况下继续有效。

按照遗赠获得的住宅、公寓或其他动产或不动产的使用权，不得继承、转让或转让给受遗赠人的继承人。

除非遗嘱另有规定，提供给受遗赠人的住宅、公寓或其他建筑物的使用权不是其家庭成员居住的理由。

3. 被遗嘱人委托遗赠的继承人只需在转让给他的财产的实际价值减去被继承人在该财产上的债务份额的范围内履行遗赠。

4. 受遗赠人有权从继承开始之时要求继承人履行遗赠。

**第一千二百三十九条　遗赠的失效**

受遗赠人在继承开始前死亡的，遗赠失效。

**第一千二百四十条　遗嘱人委托继承人履行其他义务的权利**

1. 遗嘱人可以责成继承人实施某些非财产性质的行为，特别是处理个人材料、确定举行葬礼的地点和形式。

2. 遗嘱人可以责成继承人为实现公益目的而实施某些行为。

**第一千二百四十一条　遗产中的必留份权利**

1. 被继承人的未成年子女、无劳动能力的成年子女、无劳动能力的配偶和无劳动能力的父母，不论遗嘱的内容如何，均应继承在法定继承的情况下其应得份额的二分之一（必留份）。

法院可以考虑这些继承人与被继承人之间的关系以及其他具有重大意义的情况，减少必留份。

2. 家庭日用品的价值、为有必留份权人的利益规定的遗赠的价值以及作为继承人转让给他的其他物品和财产权的价值，应计入遗产的必留份。

3. 在遗嘱中对遗产享有必留份权利的继承人设立的任何限制和负担，只有在转移给该继承人的遗产超过必留份时才有效。

**第一千二百四十二条　附条件的遗嘱**

1. 遗嘱人可以通过与遗嘱中指定的人的行为有关或无关的特定条件（其他继承人的存在、在特定地点居住、子女的出生、受教育程度等）来限制遗嘱中指定的人是否享有继承权。

继承开始时遗嘱中规定的条件必须存在。

2. 遗嘱中规定的条件与法律或社会道德相抵触的，无效。

3. 遗嘱中指定的人无权以不知道为由要求该条件无效或者条件的发生与他无关。

**第一千二百四十三条　配偶遗嘱**

1. 配偶双方有权就属于他们的共同共有财产订立共同遗嘱。

2. 在订立共同遗嘱时，配偶一方死亡后另一方在世的，共同共有财产的份额应转移给另一方。另一方也死亡的，继承权归属于配偶在遗嘱中指定的人。

3. 配偶双方在世时，双方均有权放弃共同遗嘱。此类放弃须经公证。

4. 在配偶一方死亡的情况下，公证员应当禁止处分配偶遗嘱中规定的财产。

**第一千二百四十四条　继承人的再指定**

1. 遗嘱人有权在继承开始前遗嘱指定的继承人死亡、不接受继承或放弃继承，或被从继承人中排除，以及不存在遗嘱中附加的条件（本法典第一千二百四十二条）的情况下，指定另一继承人。

2. 本法典第一千二百二十二条规定的任何人均可成为再指定继承人。

**第一千二百四十五条　遗嘱未处分的遗产部分的继承**

对于遗嘱未处分的遗产部分，由继承人基于一般依据继承。这些继承人还包括已经依据遗嘱继承财产其他部分的法定继承人。

**第一千二百四十六条　遗嘱中地役权的确定**

被继承人有权在遗嘱中为土地、其他自然资源或其他不动产设立地役权，以满足其他人的请求权。

**第一千二百四十七条　遗嘱形式的一般要求**

1. 遗嘱应当以书面形式订立，并注明订立遗嘱的地点和时间。

2. 遗嘱应当由遗嘱人亲笔签名。

遗嘱人不能亲自在遗嘱上签名的，根据本法典第二百零七条第四款的规定签名。

3. 遗嘱必须经公证员或本法典第一千二百五十一条至第一千二百五十二条规定的其他公职人员认证。

4. 本条第三款所述人员证明的遗嘱应按照乌克兰内阁批准的程序在继承登记册上进行国家登记。

**第一千二百四十八条　公证遗嘱**

1. 公证员应当证明遗嘱是由遗嘱人本人书写或使用被普遍接受的技术设备书写的。

2. 公证员可以依据遗嘱人的请求，依照遗嘱人口述书写遗嘱或使用被普遍接受的技术设备记录遗嘱。

在这种情况下，遗嘱必须由遗嘱人阅读并签名。

如果遗嘱人因身体残疾而不能亲自阅读遗嘱，则必须在见证人（本法典第一千二百五十三条）在场的情况下进行遗嘱公证。

**第一千二百四十九条　秘密遗嘱的公证**

1. 遗嘱为秘密遗嘱的，由公证员在未知悉遗嘱内容的情况下进行公证。

2. 订立秘密遗嘱的人应当将其装在密封的信封中交给公证员。信封上必须有遗嘱人的签名。

公证员应当在信封上进行证明背书、盖章密封，并在遗嘱人在场的情况下将信封放入另一信封中并密封。

**第一千二百五十条　公证员宣布秘密遗嘱**

1. 公证员应当在收到继承开始的信息后指定遗嘱内容的宣布日。如果公证员知道遗嘱人的家庭成员和亲属的住所地，则应当通知其遗嘱内容的宣布日，或在大众媒体上进行通知。

2. 公证员在利害关系人和两名见证人在场的情况下，打开保存遗嘱的信封，宣布遗嘱内容。

3. 在遗嘱宣布时须制作笔录，由公证员和见证人签名。遗嘱的全部内容均应在笔录上进行记录。

**第一千二百五十一条　地方自治机构公职人员遗嘱证明**

居民点无公证员的，除秘密遗嘱外，遗嘱须经相关地方自治机关的授权公职人员证明。

**第一千二百五十二条　其他公职人员的遗嘱证明**

1. 在医院、军队医院、其他康复医疗机构治疗或居住在养老院和残疾人福利院的公民的遗嘱，由该医院、军队医院、其他康复医疗机构的主任医师、副主任医师或值班医生以及军队医院院长、养老院和残疾人福利院院长或主任医师证明。

2. 正在航行的悬挂乌克兰国旗的船只上的公民的遗嘱，由该船只船长证明。

3. 在探险队或考察队的公民的遗嘱，由该探险队或考察队队长证明。

4. 在没有公证员的武装部队驻地服役的军人及其家庭成员，以及在这些部队从事文职工作的人员及其家庭成员的遗嘱，由该部队首长证明。

5. 被关押在监狱的人的遗嘱，由该监狱负责人证明。

6. 被拘留者的遗嘱，由该拘留所负责人证明。

7. 本条第一款至第六款所述人员的遗嘱，应当在见证人在场的情况下进行证明。

8. 本法典第一千二百四十七条的规定适用于经公职人员等工作人员证明的遗嘱。

9. 本条第一款至第六款规定的公职人员等工作人员证明的遗嘱，应等同于经公证员证明的遗嘱。

**第一千二百五十三条　见证人在场时的遗嘱证明**

1. 依据遗嘱人的意愿，遗嘱可以在见证人在场的情况下证明。

2. 在本法典第一千二百四十八条第二款第三项和第一千二百五十二条规定的情形下，见证遗嘱必须有至少两名见证人在场。

3. 见证人只能是具有完全民事行为能力的人。

4. 下列人员不得作为见证人：

（1）公证员或其他证明遗嘱的公职人员；

（2）遗嘱继承人；

（3）遗嘱继承人的家庭成员和近亲属；

（4）不能阅读遗嘱或在遗嘱上签名的人。

5. 见证人在证明遗嘱时应当宣读遗嘱并在遗嘱上签名。

6. 遗嘱中应注明见证人的信息。

**第一千二百五十四条　遗嘱人撤销和变更遗嘱的权利**

1. 遗嘱人有权在任何时间撤销遗嘱。

2. 遗嘱人有权在任何时间订立新的遗嘱。先前订立的遗嘱可以由后订立的遗嘱全部或在相悖的范围内部分撤销。

3. 每一份新订立的遗嘱均发生撤销先前订立的遗嘱的效力，且先前订立的遗嘱不得恢复。

4. 遗嘱人新订立的遗嘱被认定无效的，除本法典第二百二十五条、第二百三十一条规定的情形外，不得恢复先前订立的遗嘱的效力。

5. 遗嘱人有权在任何时间变更遗嘱。

6. 遗嘱的撤销和变更均应由遗嘱人本人进行。

7. 遗嘱的撤销和变更应当根据本法典规定的证明遗嘱的程序进行，同时按照乌克兰内阁批准的程序在继承登记册上进行国家登记。

**第一千二百五十五条　遗嘱的保密规定**

公证员、其他证明遗嘱的公职人员、见证人以及代替遗嘱人签名的公民在继承开始前均无权泄露涉及遗嘱内容及其订立、撤销或变更的信息。

**第一千二百五十六条　遗嘱的解释**

1. 遗嘱的解释可以在继承开始后由继承人自己进行。

2. 继承人之间发生争议的，由法院根据本法典第二百一十三条的规定解释遗嘱。

**第一千二百五十七条　无效遗嘱**

1. 无权订立遗嘱的人订立的遗嘱以及违反遗嘱形式和证明要求订立的遗嘱，均为无效遗嘱。

2. 经利害关系人提起诉讼，法院认定遗嘱人意思表达不自由、不符合其意志的，可以认定遗嘱无效。

3. 遗嘱中部分处分内容被认定为无效的，不影响遗嘱其他部分的效力。

4. 在遗嘱无效的情况下，依据该遗嘱被剥夺继承权的继承人基于一般依据享有法定继承权。

# 第八十六章　法 定 继 承

**第一千二百五十八条　法定继承的顺序**

1. 法定继承人依次享有继承权。

2. 在先顺序继承人缺失、被剥夺继承权、不接受继承或放弃继承的情况下，各在后顺序的法定继承人均有权继承，本法典第一千二百五十九条规定的情形除外。

**第一千二百五十九条　继承权取得顺序的变更**

1. 在继承开始后，法定继承人取得继承权的顺序可以依据有关继承人签订的经公证的协议进行变更。该协议不得侵犯未参加本协议的继承人的权利，也不得侵犯有权获得必留份的继承人的权利。

2. 向因高龄、重病或残疾而处于无助状态的被继承人长期提供照顾、物质支持和其他帮助的属于在后顺序的法定继承人的自然人，经法院判决可以获得与有权参加继承的顺序的法定继承人一起参加继承的权利。

**第一千二百六十条　被收养人和收养人的继承**

1. 在法定继承的情况下，被收养人及其后代一方，与收养人和其亲属一方等同于血亲。

2. 被收养人及其后代在被收养人的亲生父母和其他直系血亲死亡后不得进行法定继承。

被收养人的亲生父母其他直系血亲在被收养人及其后代死亡后也不得进行法定继承。

3. 如果经法院判决确认在被收养人与其亲生祖父母（外祖父母）、亲兄弟姐妹之间保留法律关系的，则在其亲生祖父母（外祖父母）死亡的情况下，被收养人有权进行代位继承；在其亲兄弟姐妹死亡的情况下，被收养人有权作为第二顺序的继承人参加继承。

在被收养人死亡的情况下，与其保留法律关系的亲生祖父母（外祖父母）、亲兄弟姐妹基于一般依据参加继承。

**第一千二百六十一条　第一顺序的法定继承人**

被继承人的子女（包括在被继承人在世和死亡后出生的子女）、在世的配偶及父母是第一顺序的法定继承人。

**第一千二百六十二条　第二顺序的法定继承人**

被继承人的同父同母或同父异母（同母异父）的兄弟姐妹、祖父母（外祖父母）是第二顺序的法定继承人。

**第一千二百六十三条　第三顺序的法定继承人**

被继承人的叔伯姑舅姨是第三顺序的法定继承人。

**第一千二百六十四条　第四顺序的法定继承人**

在继承开始前与被继承人作为家庭成员共同居住不少于五年的人是第四顺序的法定继承人。

**第一千二百六十五条　第五顺序的法定继承人**

1. 被继承人的位于第六位阶之前的亲属是第五顺序的法定继承人，同时较近位阶的血亲关系排除较远位阶的血亲关系。

血亲关系的位阶由亲属之间间隔的出生人数确定。被继承人的出生不包含在该人数中。

2. 被继承人非家庭成员的受抚养人是第六顺序的法定继承人。

受抚养人是指未成年人或无劳动能力的人，该人不是被继承人的家庭成员，但至少已接受被继承人五年的经济援助，且该援助为其唯一或主要的生活来源。

**第一千二百六十六条　代位继承**

1. 被继承人的孙子女、曾孙子女继承其父母、祖父母（外祖父母）在继承开始时如果尚在世应得的继承份额。

2. 曾祖父母继承其子女（被继承人的祖父母、外祖父母）在继承开始时如果尚在世应得的继承份额。

3. 被继承人的侄子女和外甥外甥女继承其父母（被继承人的兄弟姐妹）在继承开始时如果尚在世应得的继承份额。

4. 被继承人的堂兄弟姐妹和表兄弟姐妹继承其父母（被继承人的叔伯姑舅姨）在继承开始时如果尚在世应得的继承份额。

5. 如果若干人有权代位继承，则其已故亲属的继承份额应在其之间平均分配。

6. 在直系旁系亲属的继承中，代位继承权不受亲属关系位阶的限制。

**第一千二百六十七条　法定继承人的继承份额**

1. 各法定继承人的继承份额是均等的。

2. 如果涉及动产，被继承人可以通过口头协商改变其中一人的继承份额。

3. 如果涉及不动产或交通工具，继承人可以根据经公证员公证的书面协议改变其中一人的继承份额。

## 第八十七章　继承权的行使

**第一千二百六十八条　接受继承**

1. 遗嘱继承人和法定继承人均有权接受或不接受继承。

2. 不得附条件或有保留地接受继承。

3. 在继承开始前与被继承人长期共同居住的继承人，如果在本法典第一千二百七十条规定的期限内没有申请放弃继承，则视为其已接受继承。

4. 幼年人、未成年人、无民事行为能力人以及限制民事行为能力人视为已接受继承，本法典第一千二百七十三条第二款至第四款规定的情形除外。

5. 遗产自继承开始之日起即属于继承人，不依赖于接受继承的时间。

**第一千二百六十九条　接受继承的申请**

1. 有接受继承的意愿但在继承开始前没有与被继承人经常性共同居住的继承人须向公证员提交接受继承的申请。

2. 应当由继承人本人提交接受继承的申请。

3. 年满十四周岁的人有权不经父母或监护人同意提交接受继承的申请。

4. 未成年人、无行为能力人接受继承的申请由其父母（收养人）、监护人提交。

5. 提交接受继承申请的人可以在接受继承规定的期限内撤回申请。

**第一千二百七十条　接受继承的期限**

1. 接受继承的期限为自继承开始之日起六个月。

2. 如果一个人继承权的产生取决于其他继承人不接受或放弃继承，则该继承人接受继承的期限应为自其他继承人不接受或放弃继承之日起三个月。如果剩余期限少于三个月的，应当延长至三个月。

**第一千二百七十一条　接受遗赠**

如果继承人在继承开始起六个月内未放弃遗赠，则视为已接受遗赠。

**第一千二百七十二条　错过接受继承期限的后果**

1. 如果继承人未在本法典第一千二百七十条规定的期限内提交接受继承的申请，则视为不接受继承。

2. 根据接受继承的继承人书面同意，错过接受继承期限的继承人可以向继承开始地的公证员提交接受继承的申请。

3. 法院根据因正当理由错过接受继承期限的继承人的诉讼请求，可以为其确定延长的期限，以使其提交接受继承的申请。

**第一千二百七十三条　放弃接受继承的权利**

1. 遗嘱继承人或法定继承人可以在本法典第一千二百七十条规定的期限内放弃继承。放弃继承的申请应当提交给继承开始地的公证员。

2. 限制民事行为能力的自然人，经监护人和监护机构同意，可以放弃继承。

3. 十四周岁至十八周岁的未成年人经父母（收养人）、监护人和监护机构同意，可以放弃继承。

4. 幼年人、无民事行为能力的人的父母（收养人）、监护人只能在征得监护机构的同意后，才能放弃其应得的继承。

5. 放弃继承是无条件且无保留的。

6. 放弃继承可以在接受继承规定的期限内撤回。

**第一千二百七十四条　为他人利益放弃继承权**

1. 遗嘱继承人有权为了其他遗嘱继承人的利益放弃继承。

2. 法定继承人有权为了任一继承顺序的法定继承人的利益放弃继承。

3. 继承人为其利益有权放弃继承人的份额。

4. 如果遗嘱人再指定了继承人，遗嘱人只能为了再指定继承人的利益放弃遗产。

5. 根据本法典第二百二十五条、第二百二十九条至第二百三十一条和第二百三十三条规定的理由，法院可以认定放弃继承无效。

**第一千二百七十五条　放弃接受继承的法律后果**

1. 如果一个遗嘱继承人放弃接受继承，则其有权接受的继承份额应向其他遗嘱继承人转移并在他们之间平均分配。

2. 如果一个法定继承人放弃接受继承，则其有权接受的继承份额向同一继承顺序的法定继承人转移并在其之间平均分配。

3. 如果继承人为了其他继承人的利益放弃接受继承，以及遗嘱人再指定了其他继承人的，则不适用本条的规定。

4. 如果放弃接受继承的遗嘱继承人负有遗赠义务，则遗赠义务向其他接受继承的遗嘱继承人转移并在其之间平均分配。

5. 遗嘱继承人放弃接受继承并不剥夺其法定继承的权利。

**第一千二百七十六条　继承接受权的转移**

如果遗嘱继承人或者法定继承人在继承开始后死亡未来得及接受继承，除遗产中必留份接受权外，则其应得的继承份额的接受权移转给其继承人（转继承）。

在这种情况下，继承接受权在剩余的期限内基于一般理由行使。如果剩余的期限少于三个月的，应当延长至三个月。

**第一千二百七十七条　无人继承的财产**

1. 在没有遗嘱继承人和法定继承人，或其被剥夺继承权，或其不接受继承以及放弃继承的情况下，继承开始地的地方自治机关应当向法院提出认定遗产为无人继承的财产的申请。

2. 认定遗产为无人继承的财产的申请应当自继承开始之日起一年内提交。

3. 被法院认定的无人继承的财产应当向继承开始地所属社区转移。

4. 成为无人继承的财产所有人的社区有义务满足被继承人的债权人根据

本法典第一千二百三十一条提出的请求。

5. 未被继承人接受的遗产应当受到保护，直至根据本法典第一千二百八十三条的规定被认定为无人继承的财产。

**第一千二百七十八条　继承人之间的遗产分割**

1. 如果被继承人自己未在遗嘱中对遗产进行分割，则各继承人的继承份额是均等的。

2. 任一继承人均有权以实物形式分出其继承份额。

**第一千二百七十九条　特定继承人对继承实物财产的优先权**

1. 在继承开始前与被继承人共同居住不少于一年的继承人，享有在其应得的继承份额范围内优先于其他继承人从遗产中获得实物形式的家庭用具和日常生活用品的权利。

2. 与被继承人共同共有财产的继承人，享有在其继承份额范围内优先于其他继承人从遗产中获得实物形式的该财产的权利，但该优先权以未侵犯其他继承人的重要利益为前提。

**第一千二百八十条　遗产的再分配**

1. 如果其他继承人在接受继承的期限届满和在继承人之间分配遗产后接受了继承（本法典第一千二百七十二条第二款和第三款），则遗产应在他们之间重新分配。

这些继承人有权请求向其转让剩余财产的部分实物，或请求支付金钱补偿。

2. 如果错过继承期限的继承人所主张的财产已被认定为无人继承的财产且已转移给所属社区保存，则继承人有权请求以实物形式转让。在该遗产被出卖的情况下，继承人有权获得金钱补偿。

**第一千二百八十一条　被继承人的债权人对继承人的追偿**

1. 如果继承人知道被继承人的债务，则其有义务通知被继承人的债权人继承的开始。

2. 被继承人的债权人必须自知道或应当知道继承开始之日起六个月内向

接受继承的继承人提出其债权，无须考虑其债权是否到期。

3. 如果被继承人的债权人不知道也不可能知道继承开始，则其有权在债权到期后一年内向继承人提出请求。

4. 被继承人的债权人未在本条第二款和第三款规定的期限内对接受继承的继承人提出债权请求的，其请求权丧失。

**第一千二百八十二条　继承人满足债权人债权的义务**

1. 继承人有义务清偿债权人的债权，但不得超过其继承的财产的价值。每个继承人均有在自己继承份额的范围内满足债权人债权的义务。

2. 继承人必须一次性满足债权人的债权，继承人与债权人另有约定的除外。

在拒绝一次性付款的情况下，法院依据债权人的请求对已实际转让给继承人的实物财产进行追偿。

**第一千二百八十三条　遗产的保护**

1. 为了继承人、放弃继承的人和被继承人的债权人的利益，应当在继承人接受继承前进行遗产的保护。

2. 继承开始地的公证员（在没有公证员的居民点则为相应的地方自治机关）应当主动或依据继承人的申请采取保护遗产的措施。

3. 对遗产的保护应当持续至规定的接受继承期限届满时。

4. 保护遗产所支出的费用由继承人按照其继承份额予以补偿。

**第一千二百八十四条　遗嘱执行人对遗产的保护**

1. 如果继承不仅按遗嘱而且按法定继承进行，则被继承人指定的遗嘱执行人应当采取保护全部遗产的措施。

2. 法定继承人有权指定另一人采取保护法定继承的遗产部分的措施。

**第一千二百八十五条　遗产的管理**

1. 如果遗产中有财产需要保养、护理或通过其他物质或法律手段以维持其正常状态，公证员（在没有公证员的居民点则为相应的地方自治机关）在继承人或遗嘱执行人缺失的情况下，应当与另一人签订遗产管理协议。

2. 遗产管理人有权采取一切必要行动以在继承人出现之前或遗产被接受前保护遗产。

3. 遗产管理人有权因履行其职责而获得报酬。

## 第八十八章 遗嘱的执行

**第一千二百八十六条 遗嘱人指定遗嘱执行人的权利**

1. 遗嘱人可以委托具有完全民事行为能力的自然人或法人（遗嘱执行人）执行遗嘱。

2. 如果遗嘱是为数人的利益订立的，则可以委托其中一人执行遗嘱。

3. 如果遗嘱是为一人的利益订立的，则遗嘱的执行可以委托给不是遗嘱继承人的人。

**第一千二百八十七条 继承人主动指定遗嘱执行人**

1. 如果遗嘱执行人不能保证遗嘱人意志的实现，则继承人有权就免除遗嘱执行人的职务提起诉讼。

2. 如果遗嘱人没有指定遗嘱执行人，或被指定为遗嘱执行人的人拒绝执行遗嘱或被免除执行遗嘱的职务，继承人有权从继承人中选择遗嘱执行人或另行指定遗嘱执行人。

3. 如果继承人不能就遗嘱执行人的指定达成协议，法院可依据其中一人的请求指定遗嘱执行人。

**第一千二百八十八条 公证员指定遗嘱执行人**

如果遗嘱人没有指定遗嘱执行人，或遗嘱执行人拒绝执行遗嘱或被免除执行遗嘱的职务，则基于继承人的利益要求，由继承开始地的公证员指定遗嘱执行人。

**第一千二百八十九条 遗嘱执行人的同意**

1. 只有在征得本人同意的情况下才能指定其为遗嘱执行人。

2. 遗嘱执行人同意的意思表示可以在遗嘱正文中作出，也可以附在遗嘱上。

3. 一个人可以向继承开始地的公证员提出申请，表示同意在继承开始后执行遗嘱。

**第一千二百九十条　遗嘱执行人的职权**

1. 遗嘱执行人有义务：

（1）采取保护遗产的措施；

（2）采取通知继承人、放弃继承的人、债权人继承开始的措施；

（3）要求被继承人的债务人履行其义务；

（4）管理遗产；

（5）确保各继承人均可获得遗嘱中规定的继承份额；

（6）确保有权获得必留份的人获得规定的继承份额。

2. 遗嘱执行人有义务确保继承人履行遗嘱义务。

3. 应当通过继承开始地的公证员签发的文件证明遗嘱执行人的职权。

**第一千二百九十一条　遗嘱执行人对履行其职责收取报酬的权利**

1. 遗嘱人有权在遗嘱中确定遗嘱执行人有权从遗产中获得财产（实物或金钱形式）作为履行其职责的报酬。

2. 遗嘱人未确定报酬的，可以通过遗嘱执行人和继承人协商确定，发生争议的，由法院确定。

3. 遗嘱执行人有权要求继承人偿还为保护、管理和执行遗嘱支出的费用。

**第一千二百九十二条　对遗嘱执行人的监督**

1. 继承人有权监督遗嘱执行人的行为。

2. 如果继承人是幼年人、未成年人、无民事行为能力人或行为能力受到限制的人，则由父母（收养人）、监护人、受托人以及监护机关监督遗嘱的执行。

3. 依据本条第一款和第二款规定的人的要求，遗嘱执行人应当报告其执行遗嘱的行为。

4. 遗嘱执行人在执行遗嘱后，应当向继承人或其法定代表人提交关于其职权履行情况的报告。

**第一千二百九十三条　对遗嘱执行人的行为提起诉讼的权利**

1. 如果遗嘱执行人的行为不符合本法典和其他法律的规定，侵犯继承人的利益，则继承人及其法定代表人以及监护机构有权就遗嘱执行人的行为向法院提起诉讼。

2. 对认定遗嘱执行人非法行为的请求适用一年的诉讼时效期间。

**第一千二百九十四条　遗嘱执行人的职权有效期**

1. 遗嘱执行人的职权应持续至遗嘱中所表达的遗嘱人的意志完全实现。

2. 遗嘱执行人的职权由继承开始地的公证员依据其与继承人和放弃继承的人的协议终止。

3. 在职权终止后，遗嘱执行人必须将向其签发的文件归还给公证员（本法典第一千二百九十条第三款）。

4. 如果遗嘱执行人没有归还证明其职权的文件，则继承人有权请求取得该文件，并要求赔偿由此造成的损失。

**第一千二百九十五条　遗嘱执行人放弃其职权的权利**

1. 不论以何种方式被指定的遗嘱执行人均有权放弃其职权。

2. 遗嘱执行人必须立即就其对职权的放弃通知继承人和应当采取特定行动的其他人。

3. 遗嘱执行人在需要采取紧急行动而迟延行动将损害继承人利益的情况下，不得放弃其职权。

4. 未满足本条第二款和第三款规定的要求的遗嘱执行人应当对继承人因此产生的损失负责。

## 第八十九章　继承权的确定

**第一千二百九十六条　继承人获得继承权证明书的权利**

1. 接受继承的继承人可以获得继承权证明书。

2. 如果有数个继承人，则应向每个继承人颁发继承权证明书并注明其他继承人的姓名和继承份额。

3. 继承权证明书的缺失不剥夺继承人的继承权。

**第一千二百九十七条　继承人申请不动产继承权证明书的义务**

1. 继承人取得不动产的继承权的，应当向公证员申请不动产继承权证明书。

2. 如果有数个继承人，则继承权证明书应当以每个继承人的名义签发，并注明其他继承人的姓名和继承份额。

**第一千二百九十八条　签发继承权证明书的期限**

1. 继承权证明书自继承开始之日起六个月届满后向继承人发放。

2. 如果遗嘱是为了受孕但尚未出生的胎儿的利益订立的，则只有在其出生后才能发放继承权证明书，并将继承权分配给所有继承人。

本条第一款的规定也适用于在法定继承的情形下，在继承人在世时受孕但在继承人死亡后出生的子女。

3. 在接受继承的期限届满前，公证员在必要情况下可以授权继承人接受被继承人在银行（金融机构）的部分存款。

**第一千二百九十九条　删除。**

**第一千三百条　修改继承权证明书**

1. 经所有继承人同意，继承开始地的公证员可以修改继承权证明书。

2. 依据其中一个继承人的请求，经法院判决可以修改继承权证明书。

3. 在本条第一款和第二款规定的情形下，公证员应当向继承人发放新的继承权证明书。

**第一千三百零一条　认定继承权证明书无效**

如果法院认定被发放继承权证明书的人不享有继承权，或在法律规定的其他情形下无效，继承权证明书无效。

## 第九十章　继　承　协　议

**第一千三百零二条　继承合同的概念**

依据继承合同，一方当事人（受让人）有义务完成另一方当事人（转让人）的要求并在转让人死亡的情况下获得转让人财产的所有权。

### 第一千三百零三条　继承合同的当事人

1. 继承合同中的转让人可以是配偶双方、配偶一方或其他人。

2. 继承合同的受让人可以是自然人或法人。

### 第一千三百零四条　继承合同的形式

继承合同应当以书面形式订立并经公证，同时按照乌克兰内阁批准的程序在继承登记册上进行国家登记。

### 第一千三百零五条　继承合同中受让人的义务

继承合同中的受让人可能有义务在继承开始前或继承开始后实施特定的财产性或非财产性行为。

### 第一千三百零六条　配偶双方继承合同的特点

1. 继承合同的主体可以是配偶的共同共有财产，也可以是配偶一方的个人财产。

2. 继承合同可以约定在配偶一方死亡的情况下，将继承权转让给另一方配偶，在配偶另一方死亡的情况下，财产转让给合同的受让人。

### 第一千三百零七条　确保继承合同的执行

1. 证明继承协议的公证员应当禁止处分该协议中确定的财产。

2. 转让人就继承合同中约定的财产订立的遗嘱无效。

3. 受让人有权指定一人在转让人死亡后监督继承合同的执行。

在监督人缺失的情况下，由继承开始地的公证员监督继承合同的执行。

### 第一千三百零八条　继承合同的解除

1. 法院根据转让人的请求在受让人未完成其要求的情况下解除继承合同。

2. 法院根据受让人的请求在其不可能完成转让人的要求时解除继承合同。

# 第七部分 《白俄罗斯共和国民法典》继承法编

《白俄罗斯共和国民法典》继承法部分1998年11月19日经白俄罗斯共和国国民会议共和国院批准，1999年10月28日经白俄罗斯共和国国民会议代表院通过，1999年7月1日生效。2006年至2023年先后修改了55次。此文本根据2023年1月3日修改的文本翻译而成。

## 目 录

第六编　继承法

　　第六十九章　继承的一般规定

　　第七十章　遗嘱继承

　　第七十一章　法定继承

　　第七十二章　遗产的取得

　　第七十三章　特定种类财产的继承

# 第六编 继 承 法

## 第六十九章 继承的一般规定

**第一千零三十一条 继承**

1. 在继承时，死者的财产（遗产、继承财产）作为一个整体且同时转移给他人，本法典和其他法律另有规定的除外。

2. 继承权受保障。继承由本法典及其他相关法律调整。

**第一千零三十二条 继承的依据**

1. 继承依据遗嘱和法律进行。

2. 没有遗嘱的，或遗嘱没有确定全部遗产的分配的，或本法典以及相关法律另有规定的，进行法定继承。

**第一千零三十三条 遗产的构成**

1. 遗产包括被继承人在继承开始时拥有的所有权利和义务，这些权利和义务不因其死亡而终止。

2. 下列与被继承人的人身不可分割的权利和义务不纳入遗产的构成：

（1）在商业和其他法人组织中的成员权（参加权），法律或设立文件另有规定的除外；

（2）获得生命或健康损害赔偿的权利；

（3）赡养之债的权利和义务；

（4）根据劳动和社会保障法享有养老金、津贴和其他福利的权利；

（5）与财产权无关的人身非财产权。

3. 被继承人的人身非财产权和其他非物质利益可以由继承人行使和保护，法律另有规定的除外。

4. 遗产包括被继承人拥有的在住宅、公共住宅、别墅、车库或其他消费者合作社中的份额，被继承人基于合资工程项目合同拥有的在住宅、别墅、车库、其他处所、已足额出资车位中的份额，以及被继承人根据法律规定的程序办理登记所有权的财产和义务。如果在向主管部门提交的书面声明中，被继承人表达了处分其财产所有权的意愿，但由于其死亡未完成办理程序的，法院可以依据利害关系人的请求认定该财产为遗产。

第一千零三十四条　共同共有财产的继承

1. 共同共有人的死亡是根据本法典第二百五十五条规定的程序确定其在共有财产中的份额、共有财产的分割或从共有财产中分出死亡共有人的份额的基础。在这种情况下，遗产应当为死亡共有人对共有财产的份额，在无法进行实物分割的情况下，继承人继承该份额的价值。

2. 共同共有人有权以遗嘱处分根据本条第一款的规定确定的在其死后自己在共有财产中的份额。

第一千零三十五条　继承的开始

1. 继承自公民死亡或被法院宣告死亡时开始。

2. 继承开始的时间为公民死亡之日，公民被宣告死亡的，继承开始的时间根据本法典第四十一条第三款的规定确定。

3. 为了实现继承目的，在同一日死亡的人被视为同时死亡，不进行相互继承。继承在所有人死亡后开始，每个人的继承人均参加继承。

第一千零三十六条　继承开始地

继承开始地是指被继承人的最后住所地，根据继承开始之日被继承人住所地的登记情况确定（没有登记住所地的，则继承开始地为继承开始时被继承人的住所地）。被继承人的最后住所地不明的，继承开始地为被继承人所有的不动产或其主要部分的所在地；被继承人无不动产的，以其动产的主要部分的所在地为继承开始地。

第一千零三十七条　继承人

1. 继承开始时在世的公民，以及在被继承人生前受孕且在继承开始后出生时为活体的公民均可成为遗嘱继承人和法定继承人。

2. 继承开始时设立的法人，在白俄罗斯共和国和行政区划单位内可以成为遗嘱继承人。

### 第一千零三十八条 不适格继承人

1. 故意或企图剥夺被继承人生命的人，丧失其根据法律或遗嘱所享有的继承权。遗嘱人在该人企图剥夺其生命后订立遗嘱的除外。

2. 通过伪造遗嘱、故意阻碍被继承人最后意志的实现或其他故意的违法行为以促成本人或与其亲近的人参加继承或增加其继承份额的人，丧失其根据法律或遗嘱所享有的继承权。

3. 根据司法程序被剥夺亲权且在继承开始时没有恢复该权利的父母对子女不享有法定继承权，以及逃避履行依法应承担的赡养被继承人义务的公民丧失法定继承权。

4. 法院可根据本条规定取消对财产继承产生影响的不适格继承人的继承资格。

5. 本条规定适用于有权获得遗产必留份的继承人。

6. 本条第一款、第二款和第四款的规定相应地适用于遗赠（本法典第一千零五十四条）。

### 第一千零三十九条 无人继承的财产

1. 如果既没有法定继承人，也没有遗嘱继承人，或没有人有继承权（本法典第一千零三十八条），或所有人均放弃继承，该遗产将被视为无人继承的财产。

2. 无人继承的财产转归构成遗产的相应财产所在地的行政区域单位所有。

3. 遗产可以由法院依继承开始地的地方自治机关自继承开始之日起一年届满后提出的申请认定为无人继承的财产。如果遗产的保护和管理开支已经超过其价值，则遗产可以在上述期限届满前被认定为无人继承的财产。

4. 无人继承的财产的保护和管理根据本法典第一千零六十六条至第一千零六十八条进行。

## 第七十章 遗嘱继承

**第一千零四十条 一般规定**

1. 遗嘱是指公民处分在其死亡时所拥有的财产的意思表示。

2. 具有完全行为能力的公民可以订立遗嘱。

3. 遗嘱应当由遗嘱人本人订立,不得通过代理人订立。

4. 遗嘱只能包含一个人的意思表示,不得由两个或两个以上的人订立。

5. 遗嘱是一项单方法律行为,其效力在遗嘱订立时即确定。

**第一千零四十一条 遗嘱自由**

1. 公民可以通过遗嘱将其全部或部分财产指定给一人或数人继承,继承人可以是法定继承人或非法定继承人,也可以是白俄罗斯共和国及其行政区域单位。

2. 遗嘱人有权剥夺一个、数个或所有法定继承人的继承权,且无须说明理由。法定继承人被剥夺继承权的,不延伸剥夺进行代位继承的该继承人的后代的继承权,遗嘱另有说明的除外。

3. 被继承人有权就其任何财产订立遗嘱,包括在继承开始前其可能成为财产所有人的财产。

4. 遗嘱人有权根据继承人行为的性质附加特定的合法条件来限制继承,在遗嘱订立后的任何时间均可撤销和变更遗嘱,且没有义务向任何人说明或告知撤销或变更遗嘱的原因。

5. 遗嘱自由受遗产必留份规定(本法典第一千零六十四条)的限制,不得对在遗嘱中被指定为继承人的人施加在其死亡时以特定方式处分通过遗嘱继承的财产的义务,以及不得在遗嘱中列入不合法或因客观原因无法成就的继承人取得遗产的行为条件的规定的限制。

**第一千零四十二条 继承人的再指定**

1. 遗嘱人可以在遗嘱中指定的继承人在继承开始前死亡、不接受继承或放弃继承,或根据本法典第一千零三十八条规定的程序被认定为不适格继承人而从继承中排除,以及遗嘱继承人未能满足被继承人附加的合法条件的情况下指定另一继承人(继承人的再指定)。

2. 任何根据本法典第一千零三十七条的规定有资格成为继承人的人均可被再指定为继承人。

3. 遗嘱继承人不得以不利于再指定的继承人的方式放弃继承。

**第一千零四十三条　继承人的财产份额,遗嘱未处分的财产部分的继承**

1. 被遗嘱处分给两个或数个继承人的财产,但未说明继承人在遗产中分别享有的份额,也未说明将属于遗产的物或权利处分给哪个继承人的,应当认定遗嘱继承人享有同等份额。

2. 不可分物(本法典第一百三十三条)被遗嘱处分给两个或数个继承人的,应当认定份额为该物品被遗嘱处分部分相应的价值。

3. 遗嘱未处分的财产应根据本法典第一千零五十六条至第一千零六十五条规定的程序分配给法定继承人。这些继承人包括已经依据遗嘱继承财产其他部分的法定继承人。

**第一千零四十四条　遗嘱形式的一般规定**

1. 遗嘱应当以书面形式订立,并经公证员公证。在本法典第一千零四十五条第六款、第一千零四十七条和第一千零四十八条第二款规定的情形下,允许其他人证明遗嘱。不符合本法典关于遗嘱书面形式和证明规定的,遗嘱无效。

2. 遗嘱应当由遗嘱人亲笔签名。遗嘱人由于身体缺陷、疾病或文盲而不能亲自在遗嘱上签名的,则可以依据其请求在公证员或其他依法证明遗嘱的公民在场的情况下由其他公民代签,但须指明遗嘱人不能亲笔签名的原因。遗嘱中应当指明该公民的姓名、父称和住所地。

3. 根据本法典应当在见证人在场的情况下订立、签名或证明遗嘱的,下列人员不得作为见证人,也不得代替遗嘱人在遗嘱上签名:

(1)公证员或其他证明遗嘱的人;

(2)遗嘱受益人或受遗赠人,其配偶、子女、父母、孙子女和曾孙子女；

（3）遗嘱继承人或法定继承人；

（4）不具有完全行为能力的公民；

（5）文盲；

（6）有作伪证前科的人；

（7）因身体缺陷无法充分理解发生的事情本质的公民；

（8）没有足够语言水平的人，由公证员进行秘密遗嘱的情况除外。

4. 在遗嘱中应注明证明的地点和日期，本法典第一千零四十六条规定的情形除外。

### 第一千零四十五条　经公证的遗嘱

1. 经公证的遗嘱应当由遗嘱人本人书写，或在见证人在场的情况下由公证员依照遗嘱人口述书写。公证员依照遗嘱人口述书写遗嘱时，可以使用被普遍接受的技术设备（打字机、个人电脑等）。

2. 公证员依照遗嘱人口述书写的遗嘱，遗嘱人在遗嘱上签名前，应当在公证员和见证人在场的情况下完整阅读。遗嘱人因身体缺陷、疾病或文盲不能自己阅读遗嘱的，应当在公证员在场的情况下由见证人为其宣读遗嘱文本，在遗嘱中应当就此作出相应记载，并说明遗嘱人不能亲自阅读遗嘱的原因。

3. 经公证的遗嘱在见证人在场的情况下订立的，则在遗嘱中应当指明见证人的姓名、父称和住所地。

4. 公证员应当通知见证人和代替遗嘱人在遗嘱上签名的人保守遗嘱秘密（本法典第一千零五十条）。

5. 公证遗嘱时，公证员应当向遗嘱人解释本法典第一千零六十四条的内容。

6. 法律赋予地方执行和管理机关的公职人员、白俄罗斯共和国外交使团的外交代表和白俄罗斯共和国领事馆的领事官员进行公证的权利的，遗嘱可以由适格的公职人员代替公证员进行证明，但须符合本法典关于遗嘱形式和公证程序的要求。

**第一千零四十六条 秘密遗嘱**

1. 依据遗嘱人的意愿，遗嘱可以由公证员在未知悉遗嘱内容的情况下进行公证（秘密遗嘱）。

2. 秘密遗嘱应当由遗嘱人亲笔书写并签名。公证员应当事先告知遗嘱人，不遵守该规定将导致遗嘱无效。

3. 秘密遗嘱须在两名见证人在场的情况下提交，并由见证人在信封上签名。之后须在遗嘱人和见证人在场的情况下，将见证人和遗嘱人签名且符合本条第二款规定的信封密封在另一信封中，并由公证员在该另一信封上进行背书，包括关于提交秘密遗嘱的人的信息、接收秘密遗嘱的地点和日期以及每位见证人的姓名、父称和住所地。公证员从遗嘱人处接收装有遗嘱的信封时，应当向遗嘱人解释本法典第一千零六十四条的内容。

4. 公证员收到订立秘密遗嘱的人死亡的信息后，应当通过民事登记机构核实这些信息。收到死亡证明副本或有关人员提交死亡证明后，公证员应在两名见证人在场的情况下，于十五日内开启装有遗嘱的信封。开启信封时，利害关系人有权在场。

5. 公证员须制作关于开启装有遗嘱的信封的笔录，笔录应当包含信封开启的地点、日期和时间，公证员的姓名、父称，见证人和在场利害关系人的经常居住地，信封的状况和在信封上所作记录的内容，公证员应宣读信封中所装文件的事实、文件的全文及公证员和见证人的签名。

6. 公证员应当在开启遗嘱信封后的次日内，向利害关系人发送关于其继承权的通知。

**第一千零四十七条 相当于经公证的遗嘱**

1. 相当于经公证的遗嘱包括：

（1）在医院、疗养院和其他医疗机构中治疗的人或居住在养老院和残疾人福利院的公民，经该医院、疗养院和其他医疗机构的主任医师、副主任医师或值班医生证明，以及经该养老院和残疾人福利院的院长或主任医师证明的遗嘱；

（2）正在航行的悬挂白俄罗斯共和国国旗的船只上的公民经该船只船长证明的遗嘱；

（3）在探险队、北极地区考察队或其他类似的考察队的公民经该探险队或考察队队长证明的遗嘱；

（4）在没有公证员的武装部队驻地服役的军人及其家庭成员，以及在这些部队从事文职工作的人员及其家庭成员经该部队首长证明的遗嘱；

（5）被逮捕、限制自由、剥夺自由、终身监禁或在拘留场所的人员经执行处罚机构的负责人或拘留场所的行政主管证明的遗嘱。

2. 本条第一款所列遗嘱应当由遗嘱人在见证人在场的情况下签名，见证人也应当在遗嘱上签名。

在其他情况下，本法典第一千零四十四条的规定相应地适用于该类遗嘱，但遗嘱须经公证的除外。

3. 根据本条规定经证明的遗嘱，应由证明遗嘱的人在可能时尽快通过司法机关送交至遗嘱人住所地的公证员。

4. 根据本条规定有权证明遗嘱的人员对遗嘱进行证明和采取其他相关行为的程序由法律规范确定。

**第一千零四十八条　银行或非银行信贷金融机构货币资金的遗嘱处分**

1. 公民可以依据自身意志或根据本法典第一千零四十四条至第一千零四十七条的规定对公民存入银行的存款（寄存物）或公民在银行账户中资金的权利进行遗嘱处分，或通过直接在该存入存款（寄存物）或开设银行账户的银行或非银行信贷金融机构订立遗嘱的方式进行遗嘱处分。对于账户上的资金，此类遗嘱具有相当于经公证的遗嘱的效力。

2. 银行或非银行信贷金融机构对资金权利的遗嘱处分书必须由遗嘱人亲笔签名并指明日期，由银行或非银行信贷金融机构的有权接受客户且以法律规定的程序处分其账户上资金的工作人员进行证明。

3. 根据本法典的一般规定，在银行或非银行信贷金融机构中以遗嘱处分资金的权利属于遗产的一部分。这些资金将依据继承权证明书发放给继承人。

在遗嘱处分中明确的继承人向银行或非银行信贷金融机构提交继承权证明书前，可以从遗嘱人的账户中提出不超过法律规定基准金额一百倍的资金。

**第一千零四十九条　遗嘱的撤销和变更**

1. 遗嘱人有权在任何时间撤销其订立的整个遗嘱或者通过撤销、修改或补充遗嘱中载明的某些遗嘱的方式变更遗嘱，订立新的遗嘱。

遗嘱可以由遗嘱人撤销，或依据遗嘱人的书面处分决定由公证员通过销毁所有遗嘱文本撤销。

2. 先前订立的遗嘱可以由后订立的遗嘱全部或在相悖的范围内部分撤销。

3. 被后订立的遗嘱全部或部分撤销的先前订立的遗嘱，即使后订立的遗嘱被遗嘱人撤销或变更，也不得恢复。

**第一千零五十条　遗嘱秘密**

公证员、其他证明遗嘱的人、见证人以及代替遗嘱人签名的公民在继承开始前均无权泄露涉及遗嘱内容及其订立、撤销或变更的信息。

**第一千零五十一条　遗嘱的解释**

在公证员、遗嘱执行人或法院解释遗嘱时，应当考虑遗嘱中所含词语和表达的字面含义。遗嘱的某条款的字面含义不明的，可以通过比较该条款与其他条款以及整个遗嘱的含义查明。同时，必须确保遗嘱人的预期意愿得到最大限度的实现。

**第一千零五十二条　无效遗嘱**

1. 如果一个人的权利或利益因该遗嘱受到侵犯，法院可以认定该遗嘱无效。继承开始前不得对遗嘱提出异议。

2. 如果违反关于遗嘱形式的规定和本法其他规定，导致遗嘱无效或行为无效，则遗嘱将被认定为无效（本法典第九章第二节）。如果能够证明不影响对遗嘱人意思表示的理解，则笔误和遗嘱的订立、签名或证明程序中出现的技术性轻微缺陷不得作为遗嘱无效的理由。

3. 可以认定整个遗嘱无效，也可以认定遗嘱中的部分处分内容无效。

遗嘱中部分处分内容被认定为无效的，如果可以推定即使被认定为无效的处分内容不存在的情况下其他部分也会包含在遗嘱中，则不影响遗嘱其他部分的效力。

4. 认定遗嘱无效不剥夺遗嘱中指定为继承人的人或受遗赠人根据法律或其他有效遗嘱获得的继承权。

**第一千零五十三条　遗嘱的执行**

1. 遗嘱人可以委托遗嘱中指定的非继承人的人（遗嘱执行人）执行遗嘱。该人通过在遗嘱上的亲笔签名或附于遗嘱的声明中同意担任遗嘱执行人。遗嘱人未指定遗嘱执行人的，继承人可以通过订立协议委托一个继承人或其他人执行遗嘱。在不能达成该协议的情况下，可以由法院依据一个或数个继承人的请求在其提供的名单中指定遗嘱执行人。

遗嘱执行人有权在任何时间拒绝履行遗嘱人委托的义务，但须就此提前通知遗嘱继承人。法院可以依据继承人的申请判决免除遗嘱执行人的义务。

2. 除遗嘱中另有说明外，遗嘱执行人应当采取下列执行遗嘱所需的措施：

（1）确保根据遗嘱人的意愿和法律将财产归于继承人；

（2）自行或通过公证员采取措施，保护和管理继承人的财产；

（3）收取应向被继承人支付的款项和其他财产，如果这些款项无须移交给其他人，则将这些款项移交给继承人（本法典第一千零九十条第一款）；

（4）执行遗赠或要求遗嘱继承人执行遗赠（本法典第一千零五十四条）或遗嘱的委托（本法典第一千零五十五条）。

3. 为了执行遗嘱人的遗嘱，遗嘱执行人有权以自己的名义与法院和其他国家机构处理与遗产管理和执行相关的事务。

4. 遗嘱执行人有权从遗产中获得执行遗嘱相关的必要费用的补偿，如果遗嘱有说明的，则遗嘱执行人有权从遗产中获得额外报酬。

**第一千零五十四条　遗赠**

1. 遗嘱人有权要求遗嘱继承人通过遗产为一人或数人（受遗赠人）的利益履行义务（遗赠），受遗赠人有权请求执行遗赠。

受遗赠人可以是法定继承人，也可以不是法定继承人。

2. 遗赠的标的可以是向受遗赠人转移遗产中的物的所有权、使用权或其他物权，取得和向其移转不属于遗产的财产，为其完成特定的工作，向其提供特定的服务等。

3. 被遗嘱人要求承担遗赠义务的继承人应当在其被移转的遗产的实际价值范围内执行遗赠，且须扣除用以清偿遗嘱人债务的部分。

如果承担遗赠义务的继承人拥有对遗产的必留份，则其执行遗赠的义务仅限于已转移给其的超出必留份的遗产价值。

如果遗赠的义务是由全部或数个继承人承担，则遗赠的义务由各继承人按照其继承份额负担，但遗嘱另有说明的除外。

4. 对于继承住宅、公寓或其他房屋的继承人，遗嘱人有权要求继承人履行向其他人提供该房屋或其某一部分的终身使用权的义务。在之后房屋所有权被移转的情况下，房屋终身使用权仍保留其效力。

房屋终身使用权不可剥夺，不得转让，也不得向受遗赠人的继承人移转。

向受遗赠人提供的房屋终身使用权并不作为其家庭成员居住的依据，遗嘱另有说明的除外。

5. 在被指定履行遗赠义务的继承人死亡或没有接受遗赠的情况下，遗赠的执行由其他取得该份额的继承人进行，财产成为无人继承的财产的，由行政区域单位进行。

受遗赠人在继承开始前或在继承开始后但遗嘱继承人尚未接受遗赠时死亡的，遗赠可不被执行。

6. 受遗赠人不对被继承人的债务承担责任。

**第一千零五十五条　委托**

1. 遗嘱人可以委托一个或数个遗嘱继承人负担实施旨在实现公益目的的任何财产性行为或非财产性行为的义务。被继承人分配部分财产用于执行委托的，也可以责成遗嘱执行人履行同样的义务。

委托的标的还可以是保管、监管和照顾被继承人的动物。

2. 本法典第一千零五十四条的规定可以适用于以实施某种财产性行为为标的的委托。

3. 利害关系人、遗嘱执行人和继承人中的任何人均有权通过司法程序请求执行委托，遗嘱另有说明的除外。

## 第七十一章　法　定　继　承

**第一千零五十六条　一般规定**

1. 法定继承人根据本法典第一千零五十七条至第一千零六十三条规定的顺序参加继承。

相同次序的继承人继承份额相同，代位继承人除外（本法典第一千零六十二条）。

2. 在法定继承的情况下，被收养人和其后代一方，与其收养人和其亲属一方，完全等同于血缘亲属（血亲）。

3. 除本条第四款规定的情形外，被收养人及其后代在被收养人的亲生父母和其他血亲死亡后不得进行法定继承。被收养人的亲生父母和血亲在被收养人及其后代死亡后也不得进行法定继承。

4. 在白俄罗斯共和国婚姻家庭法律规定的情形下，法院判决被收养人对父母一方和其他亲属保留权利和义务，在这些亲属死亡后，被收养人及其后代法定继承，而被收养人的亲属在被收养人及其后代死亡后法定继承。

5. 各在后顺序的法定继承人只有在在先顺序的继承人缺失、丧失继承权、不接受继承或放弃继承的情况下才能取得继承权。

6. 本法典关于法定继承人参加继承的顺序和其在遗产中的份额大小的规定可以由具有利害关系的继承人在继承开始后签名的经公证证明的协议中予以变更。该协议不得涉及没有参加该协议的继承人以及拥有必留份权利的继承人的权利。

**第一千零五十七条　第一顺序继承人**

1. 被继承人的子女、配偶和父母是第一顺序的法定继承人。

2. 被继承人的孙子女及其直系后代代位继承。

**第一千零五十八条　第二顺序继承人**

1. 在没有第一顺序继承人的情况下，第二顺序的法定继承人是被继承人的同父同母或同父异母（同母异父）的兄弟姐妹。

2. 被继承人的兄弟姐妹的子女（其侄子女和外甥外甥女）代位继承。

**第一千零五十九条　第三顺序继承人**

在没有第一顺序和第二顺序继承人的情况下，第三顺序的法定继承人是被继承人的祖父母和外祖父母。

**第一千零六十条　第四顺序继承人**

1. 在没有第一顺序、第二顺序和第三顺序继承人的情况下，第四顺序的法定继承人是被继承人父母的同父同母和同父异母（同母异父）的兄弟姐妹（被继承人的叔伯姑舅姨）。

2. 被继承人的堂兄弟姐妹和表兄弟姐妹代位继承。

**第一千零六十一条　后列顺序继承人**

1. 在没有第一顺序、第二顺序、第三顺序和第四顺序继承人的情况下（本法典第一千零五十七条至第一千零六十条），应依法由被继承人不属于前列顺序继承人的第三位阶、第四位阶、第五位阶和第六位阶的亲属获得继承权，较近位阶的血亲关系排除较远位阶的血亲关系。

2. 血亲关系的位阶由亲属之间间隔的出生人数确定。被继承人的出生不包含在该人数中。

3. 根据本条规定，应认定为适格继承人的：

（1）被继承人的曾祖父母和外曾祖父母是血亲的第三位阶亲属；

（2）被继承人的侄子女和外甥外甥女的子女（侄孙子女和表外孙子女）以及祖父母和外祖父母的兄弟姐妹（表祖父母和堂祖父母）是血亲的第四位阶亲属；

（3）被继承人的侄孙子女的子女（侄重孙子女和外表重孙子女）、表兄弟姐妹和堂兄弟姐妹的子女（表侄子女和堂侄子女）与表祖父母和堂祖父母的子女（表叔伯姑舅姨和堂叔伯姑舅姨）是血亲的第五位阶亲属；

（4）被继承人的表曾孙、表曾孙女（堂曾孙和堂曾孙女）的孩子、表侄子女和堂侄子女的孩子和表叔伯姑舅姨和堂叔伯姑舅姨的孩子（表兄弟姐妹和堂兄弟姐妹）是血亲的第六位阶亲属。

4. 同一位阶的血亲的继承人将继承相同的份额。

**第一千零六十二条　代位继承**

1. 在本法典第一千零五十七条第二款、第一千零五十八条第二款和第一千零六十条第二款规定的情形下，在继承开始前或与被继承人同时死亡的继承人的份额，转归到其各自的后代并在后代之间平均分配。

2. 在遗嘱中有说明（本法典第一千零四十一条第二款）的情况下，被剥夺继承权的法定继承人的后代不得代位继承。

3. 在继承开始前死亡或与被继承人同时死亡的后代，如果法院认为根据本法典第一千零三十八条的规定其继承遗产违背道德原则，则法院可以依据申请剥夺其继承权。

**第一千零六十三条　被继承人供养的无劳动能力人的继承**

1. 属于本法典第一千零五十八条至第一千零六十一条规定的法定继承人但又不属于参加继承的顺序的公民，在被继承人死亡前有不少于一年处于由被继承人供养的状态，且在继承开始时无劳动能力的，则不论是否与被继承人共同生活，其与该顺序的继承人共同享有继承权。在有其他法定继承人的情况下，无劳动能力的被供养人根据本款规定要求与上一顺序继承人一同继承的遗产不得超过遗产的四分之一，但如果被继承人依法有义务供养他们，则被供养人与该顺序的继承人享有同等继承权。

2. 法定继承人包括不属于本法典第一千零五十七条至第一千零六十一条规定的继承人范围，在继承开始时无劳动能力且在被继承人死亡前有不少于一年由被继承人供养且与被继承人共同居住的公民，在有其他法定继承人的情况下，被供养人与其他参加继承顺序的继承人共同享有继承权，但其继承的遗产不得超过遗产的四分之一。在被继承人没有其他继承人的情况下，无劳动能力的被供养人享有同等继承权。

**第一千零六十四条　遗产中的必留份权利**

1. 被继承人的未成年子女或无劳动能力的子女、无劳动能力的父母以及配偶，应根据法律规定参加继承，不论遗嘱的内容如何，均应继承不少于在法定继承的情况下其应得份额的二分之一（必留份）。

2. 享有必留份权利的继承人基于任何依据取得的一切遗产，包括构成日常家用的家具、日常生活物品的财产价值和以该继承人为受益人设立的遗赠的价值均计入必留份。

必留份应从未分配的财产中拨出，如果分配不足，则从遗嘱中拨出。

如果在继承中行使必留份权利导致无法将遗产分配给遗嘱继承人，对享有必留份权利的继承人生前没有使用，而遗嘱继承人用于居住（住宅、公寓、其他房屋、别墅等）或以其用作生计的主要来源（劳动工具、创作工作室等）的财产，法院可考虑享有必留份权利的继承人的财产状况，减少必留份。

3. 在遗嘱中针对对遗产享有必留份权利的继承人设立的任何限制和负担，只有在转移给该继承人的遗产超过必留份时才有效。

**第一千零六十五条　配偶在继承中的权利**

1. 配偶享有遗嘱继承权或法定继承权，但其继承权不包括其与被继承人婚姻存续期间其他的财产权利，包括婚姻存续期间共同积累而属于共有部分的财产的所有权。

2. 如果可以证明配偶与被继承人的婚姻在继承开始前已经实际终止，且配偶在继承开始前已经分居且未共同料理家务不少于五年，则可以依据法院的判决剥夺配偶的法定继承权，但是本法典第一千零六十四条规定的继承权除外。

**第一千零六十六条　遗产的保护和管理**

1. 为了保护继承人、受遗赠人及其他有关人员的权利，继承开始地的公证员应采取本法典第一千零六十七条和第一千零六十八条规定的其他必要措施，以保护和管理遗产。

2. 公证员依据一位或多位继承人、遗嘱执行人、地方政府和自治政府或其他为维护遗产利益而行事的人的要求，采取保护或管理遗产的措施。公证员有权主动采取措施保护或管理遗产。

3. 公证员有权要求银行和非银行信贷金融机构提供有关遗嘱人存款（寄存物）、账户或转存的资金（货币）和其他财产的信息，以确定其遗产的组成并予以保护。公证员只能将收到的信息传达给遗嘱执行人和继承人。

4. 保护和管理遗产的措施应考虑遗产的性质和价值以及继承人所需的时间，由公证员根据本法典第一千零六十七条第一款自登记之日起在规定期限内执行，但不得超过一年。

5. 除非法律另有规定，遗产的保护和管理应予补偿（本法典第一千零八十五条）。

6. 在遗产位于不同地点的情况下，继承开始地的公证员通过司法机关向在遗产的相应部分所在地的公证员或被授权执行公证行为的官员提出实施保护或管理该财产的委托。

**第一千零六十七条　遗产的保护措施**

1. 为了保护遗产，公证员应对遗产进行登记，符合本法典第一千零四十四条第三款规定的两个见证人，以及利害关系人参加该财产登记。

2. 遗产中的现金（货币）应存入公证人、白俄罗斯共和国外交代表团外交代表和白俄罗斯共和国领事馆领事官员的存款中，按照本法第八百一十一条规定的程序，根据合同将其交给银行或非银行信贷和金融组织保管。

3. 遗产中的武器由公证员转交到内部事务部门保管。

4. 本条第二款和第三款未涉及的遗产，不需要管理的，应由公证员依据遗产管理协议转交到任意一个继承人；不能将其交给继承人的，则可由公证员酌情决定将其交给另一人。

5. 公证员登记遗产财产并采取措施保护该财产的程序，包括保管合同的强制性条款和其他条件，以及确定保管报酬的程序根据法律规定确定。

**第一千零六十八条　遗产的管理措施**

1. 如果在遗产中有财产需要保护和管理（企业、经济公司或合伙企业的法定资本中的份额、有价证券、专有权等），根据本法典第九百零九条规定，公证员以委托人名义订立委托管理协议管理这些财产。

2. 遗产委托管理协议的强制性条款和其他条件，订立和明确给受托人的报酬金额程序应根据本法典第五十二章的规定确定，根据遗产委托管理关系的实质内容另有规定的除外。

## 第七十二章　遗产的取得

**第一千零六十九条　接受继承**

1. 继承人应当通过接受继承以取得遗产。

无人继承的财产（本法典第一千零三十九条）的取得不需要接受继承。根据法院的判决，被确认为无人继承的遗产将转归行政区域单位所有。

2. 不论遗产是什么或在哪里，继承人接受遗产的一部分，即代表接受其所继承的全部遗产。

不得在有条件或保留的情况下接受继承。

3. 一个或数个继承人接受继承并不代表其他继承人接受继承。

4. 即使该项权利应当进行登记，接受的遗产也自继承开始之日起即属于继承人，不依赖于继承人对该财产进行国家登记的时间。

5. 继承人不接受继承与其放弃继承而未指明其放弃继承的受益人的后果相同，法律另有规定的除外。

**第一千零七十条　接受继承的方式**

1. 接受继承的方式是向继承开始的公证员提交接受继承的申请或请求发放继承权证明书的申请。

如果委托书中明确规定接受继承的权限，则可通过代理人接受继承。

2. 如果没有别的证据证明，继承人实际占有或管理财产时，应当认定其接受继承，包括实施下列行为：

（1）采取措施保护财产免受第三人的侵犯或侵占；

（2）自己承担财产维护费用；

（3）偿还被继承人的债务或从第三人处收到应支付给被继承人的款项。

**第一千零七十一条　接受继承的期限**

1. 接受继承的期限为自继承开始之日起六个月。

2. 如果继承人放弃继承，其他人有继承权的，其他人可在本条第一款规定的剩余期限内接受继承，如果剩余期限少于三个月，则应在三个月内接受继承。

3. 只有在其他继承人不接受继承的情况下才产生继承权的人，可自本条第一款规定的期限届满之日起三个月内接受继承。

**第一千零七十二条　法定期限届满后接受继承**

1. 依据错过接受继承的期限的继承人的申请（本法典第一千零七十一条），如果法院认为继承人错过接受继承的期限的理由正当，如认定错过接受继承的期限是因为继承人不知道且不应知道继承开始，且该继承人在错过接受继承的期限的理由消失后六个月内向法院申请继承的，法院可以认定其接受继承。

认定继承人已接受继承，法院应就由此产生的其他继承人对遗产的权利问题作出裁决，并确认先前发放的继承权证明书无效。在这种情况下，不需要签发新的继承权证明书。

2. 继承人可以在接受继承的法定期限届满后接受继承，但必须获得所有接受继承的其他人的同意。这些继承人在包含此类同意的文件上的签名必须根据本法典第一千零八十三条第二款规定的方式进行证明。根据继承人的协议，公证员可以撤销先前发放的继承权证明书并签发新证明书。

如果先前发放的继承权证明书被公证员撤销，但相应不动产权利已经进行国家登记，则依据公证员新签发的证明书可以对国家登记记录进行相应的修改。

3. 根据本条规定的期限届满后接受继承的继承人，有权根据本法典第九百七十三条、第九百七十四条、第九百七十六条和第九百七十七条的规定，取得应得的继承权。

在本条第二款规定的情形下，且继承人之间的公证协议没有另行规定时，应适用本规定。

**第一千零七十三条　继承接受权的转移（转继承）**

1. 遗嘱继承人或法定继承人在继承开始后未接受继承即死亡的，该继承人的继承接受权向其继承人转移。继承接受权不构成该转继承人死亡后继承遗产的一部分。

2. 根据本法典第一千零六十九条至第一千零七十二条的规定，已故继承人的继承接受权可由其继承人根据一般规定行使。

继承人死亡后剩余的接受继承的期限少于三个月的，应当延长至三个月。

在接受继承的期限届满后，如果法院认为被继承人的继承人错过该期限存在正当理由的，可以根据本法典第一千零七十二条的规定认定继承人接受继承。

3. 继承人接受作为必留份（本法典第一千零六十四条）的遗产的权利不得向其继承人转移。

**第一千零七十四条　放弃继承的权利**

1. 继承人有权在接受继承的期限内放弃继承（本法典第一千零七十一条），包括在其已经接受继承的情况下。

如果继承人实施了以实际占有或管理继承财产的方式接受继承（本法典第一千零七十条第二款）的行为，法院认为其放弃继承的理由充分的，则可以依据继承人的申请，在规定的期限届满后认定该继承人放弃继承。

2. 继承的放弃不得变更或撤销。

3. 继承的放弃以继承人向继承开始地的公证员提交申请的方式完成。

如果申请不是由继承人向公证员提交的，则必须由公证员或经授权实施公证行为（本法典第一千零四十五条第六款）的官员在申请书上签名。

如果在委托书中专门规定放弃继承的权限，放弃继承可以通过代理人进行。

4. 如果继承人是未成年人，或是被认定为无行为能力或限制行为能力的公民，应经监护和保护机构事先批准方能放弃继承。

**第一千零七十五条　为他人利益放弃继承、放弃部分继承或者附条件放弃继承**

1. 在放弃继承时继承人有权指明其放弃继承是为了遗嘱继承或者任何顺序的法定继承人中的他人利益，包括那些代位继承人。

不得为他人利益而放弃：

（1）来自遗嘱继承的财产，如果被继承人所有的财产都遗嘱给其指定的继承人；

（2）来自遗产中的必留份（本法典第一千零六十四条）；

（3）如果继承人被再指定为继承人（本法典第一千零四十二条）。

2. 不得在有保留或附条件的情况下放弃继承。

3. 继承人不得放弃应得的部分继承。但如果继承人既依据遗嘱进行继承，又进行法定继承，则其有权基于其中一种或两种依据放弃继承。

**第一千零七十六条　放弃取得遗赠的权利**

1. 受遗赠人有权放弃取得遗赠。

不得放弃应得的部分遗赠，为他人利益放弃，有保留或者附条件放弃遗赠。

2. 本条规定的放弃遗赠权，与同时作为继承人的受遗赠人放弃继承的权利无关。

3. 受遗赠人放弃遗赠的，应当履行放弃遗赠的义务以解除其负担的执行的义务。

**第一千零七十七条　继承份额的增加**

1. 如果继承人不接受继承，未指明其他继承人放弃继承，为他人利益放弃继承的，根据本法典第一千零三十八条的规定将其从继承中排除，或遗嘱被认定为无效的，则该放弃继承人应得的部分遗产充当法定继承人遗产参继承并在法定继承人之间按比例分配继承份额。

如果被继承人将全部财产通过遗嘱处分给其指定的继承人，则放弃继承或因上述原因丧失继承权的继承人的应得继承份额由其他遗嘱继承人继承，并按照遗产份额比例进行分配，遗嘱另有说明的除外。

2. 本条第一款的规定不适用于放弃继承或因其他原因丧失继承权的继承人被再指定为继承人（本法典第一千零四十二条第二款）。

### 第一千零七十八条　继承人的共同财产

在法定继承中，如果继承财产移转给两个或数个继承人，在遗嘱继承中，如果继承财产未指定每个继承人继承的具体财产和权利而移转给两个或数个继承人的，则财产从继承开始之日起进入继承人的共同财产。本法典第十六章关于共有财产的规则适用于继承人的共同财产，本法典关于继承另有规定的除外。

### 第一千零七十九条　根据继承人协议分割遗产

1. 作为继承财产的构成部分属于两个或两个以上继承人的共同财产，可通过双方之间的协议进行分割。

2. 遗产分割的协议，应包括从遗产中分出其中一位继承人的份额，如果该协议是在发放继承权证明书前订立并经公证的，应依据该协议向继承人发放继承权证明书并在证明书中说明具体财产的分配（本法典第一千零八十三条）。

3. 继承人关于遗产分割的协议，如果是在签发继承权证明书后六个月内订立并经公证证明，继承人可以依据该协议对其不动产权利进行国家登记。

4. 删除。

### 第一千零八十条　法院分割遗产

如果继承人未就遗产的分割达成协议，包括从遗产中分出各继承人的份额，则应根据本法典第二百五十五条规定的法律程序进行分割。

### 第一千零八十一条　在分割遗产时保护儿童的利益

1. 在存在已经受孕但尚未出生的继承人的情况下，遗产的分割应在该继承人出生后进行。

2. 为了保护未成年人的利益，必须邀请保护和监护机关代表参加订立遗产分割协议（本法典第一千零七十九条）和法庭审理遗产分割案（本法典第一千零八十条）。

**第一千零八十二条　对特定遗产分割的优先权**

1. 拥有与被继承人不可分物的共同财产的权利（本法典第一百三十三条）的继承人享有优先从遗产中取得共有财产的权利。

2. 继承人经常与被继承人共同使用的不可分物（本法典第一百三十三条），该继承人在遗产分割时有获得该财产继承份额的优先权。属于被继承人的住宅、公寓或其他住房或在继承开始前一年内是继承人唯一的永久居住地的，该继承人在遗产分割时享有该房屋以及家庭用具和日常生活用品继承份额的优先权。

3. 继承人根据本条声明获得财产优先权，则遗产中其他财产继承份额可被移转给其余继承人或作其他补偿，包括支付相应金额从而排除继承中发生的不公正分配。除非所有继承人之间的协议有另外规定，他们中的任何继承人在向其他继承人提供相应补偿后都可能行使优先权。

**第一千零八十三条　继承权证明书**

1. 继承权证明书由继承开始地的公证员或授权进行公证的公职人员发放。

2. 继承权证明书依据接受继承的继承人或接收证明书的人提交申请发放（本法典第一千零七十条）。如果继承权证明书的申请不是由继承人本人向公证员提交的，则继承人在申请表上的签名必须由公证员或有权进行公证行为的官员证明（本法典第一千零四十五条第六款）。根据继承人的请求，证明书可以发放给所有继承人或单独向各继承人发放证明书。

3. 如果在发放遗产继承权证明书后发现有未发放继承权证明书的遗产，则应补充发放该遗产的继承权证明书。

**第一千零八十四条　继承权证明书的发放期限**

1. 继承权证明书自继承开始之日起六个月届满后向继承人发放，本法典另有规定的除外。

2. 在法定继承或遗嘱继承时，如果有充分的证据证明除了申请发放证明书的人之外，不再有其他继承人有权继承遗产或相应部分遗产的，则可以早于继承开始之日起六个月届满时发放继承权证明书。

3. 在继承财产所有权发生争议的情况下，法院可下令暂停发放继承权证书。

**第一千零八十五条　被继承人死亡，遗产保护和管理产生的费用补偿**

1. 被继承人生前治疗疾病所产生的必要费用、因安葬被继承人产生的费用以及与遗产保护或管理有关产生的费用应以遗产价值为限予以补偿。

2. 在继承人收到继承权证明书前，可向接受继承的继承人或遗嘱执行人提出本条第一款规定的补偿要求。在没有指定这些人时，可以根据公证员的决定从存款（押金）或从被继承人的账户中支付必要的款项。如果要求被拒绝，争议将由法院裁决。

3. 继承人收到继承权证明书后，本条第一款所规定的费用在各继承人的继承财产价值范围内按被继承人的债务要求进行偿还。

**第一千零八十六条　继承人对被继承人债务的责任**

1. 各接受继承的继承人都必须在继承财产的价值范围内偿还被继承人的债务。

2. 因转继承而接受继承的继承人（本法典第一千零七十三条）在该财产的价值范围内对该财产所属的被继承人的债务承担责任，而不以该财产承担继承权已转移给他的继承人的债务。

因继承开始和转继承而直接获得遗产的继承人（本法典第一千零七十三条），对于继承权已转移给他的继承人的债务不承担责任，而对被继承人的债务基于以两种理由获得的继承财产的价值为限承担责任。

3. 继承人应对被继承人的债务承担连带责任（本法典第三百零四条），但各继承人均应在本条第一款规定的范围内承担责任。

4. 被继承人的债权人有权在诉讼时效期间内向接受继承的继承人提出偿

还债务。在接受继承前，债权人可以向遗嘱执行人提出债权，也可以对遗产提出债权。在后一种情况下，于继承人接受继承或继承人将遗产作为无人继承的转移给行政区域单位前，诉讼中止。

## 第七十三章　特定种类财产的继承

**第一千零八十七条　经济合伙企业股份价值和生产合作社股份价值的继承**

1. 除非设立文件另有规定，完全合伙企业的成员或两合公司的完全合伙人的遗产包括该成员在企业法定资本中所占份额的价值的权利。如果继承人被接受成为完全合伙企业的成员（本法典第七十八条第一款）或两合公司的完全合伙人，则不会向其支付股份的价值。完全合伙企业的成员或两合公司的完全合伙人的继承人应根据本法典第七十二条的规定在第三方前承担合伙企业债务责任。

2. 生产合作社成员的继承权包括对生产合作社已故成员股份的所有权。如果继承人被接纳为生产合作社成员（本法典第一百一十一条第四款），则股份的价值不会支付给继承人。

**第一千零八十八条　两合公司的投资（出资）人、商业公司的参加者（股东）和消费者合作社成员的继承**

1. 两合公司的投资人的遗产包括该出资人在公司注册资本中的股份。

2. 有限责任公司或补充责任公司的参加者的遗产应包括该参加者在公司法定资本中的份额，除非公司的设立文件规定只有在公司其他参加者的同意下才能将股份转让给继承人。拒绝接受转让股份的，公司应当根据本法典第九十二条第六款和公司章程的规定向继承人支付其价值。

3. 股份有限公司参加者（股东）的遗产包括其股份。

4. 消费者合作社成员的遗产包括该合作社已故成员的股份。

5. 两合公司的参加者、有限责任公司或补充责任公司的参加者以及股份有限公司的股东的继承人，应成为相应合伙企业或公司的参加者（股东），除非根据有限责任公司或补充责任公司的公司章程需要公司参加者的同意而未获得相应同意。

6. 消费者合作社成员的继承人有权成为相应合作社的成员。

7. 在被继承人的权利转移给数个继承人的情况下，可以决定哪个继承人加入合伙企业、公司或消费者合作社，以及向没有成为合伙企业、公司或消费者合作社的参加者的继承人支付应付款项；以实物形式支付的程序、方式和期限，由合伙企业、公司和消费者合作社的相关法律规定与相应法人的设立文件确定。

**第一千零八十九条　限制流通物的继承**

根据特别许可证允许流通的属于死者财产权的物品（民用武器等）构成遗产的一部分，并根据本法典继承，同时遵守法律规定的有关财产流通程序。

构成遗产一部分的上述物品由授权的国家行政机构（官员）按照法律规定的程序没收并负责保管。

接受包含这些物品的继承不需要特别许可。在这种情况下，不得以违反法律规定的方式接受继承。

未经特别许可的继承人不得拥有和使用限制流通的物品，并根据本法典第二百三十九条的规定采取不同的方式处理。

如果继承人未在法律规定的期限内申请特别许可，或被拒绝发放此类许可，根据本法典第二百三十九条的规定，继承人对这些物品的所有权将被终止。

**第一千零九十条　未付工资、养老金、福利金和损害赔偿金的继承**

1. 与死者共同生活的家庭成员及其无劳动能力的受抚养人有权领取应支付但在其有生之年因任何原因未收到的工资和相等的付款、养老金、社会保险福利金、其他福利金以及对生命或健康损害的补偿金，而不论他们是否与死者同住。

2. 根据本条第一款提出的偿还要求可自继承之日起六个月内提交给义务人。

3. 如果没有人根据本条第一款收取未付给死者的款项，或其未在规定的期限届满前提出要求偿还这些款项，则相应款项应列入继承并根据本法典确定的一般规定进行继承。

**第一千零九十一条　白俄罗斯共和国或行政区域单位无偿或以优惠条件提供的财产继承**

白俄罗斯共和国或行政区域单位因公民残疾或其他类似情况而无偿或以优惠条件向其提供的运输工具和其他财产属于遗产，应根据本法典规定的一般依据继承，但根据法律规定，提供该财产的条件是仅供其使用的情况除外。

**第一千零九十二条　国家奖项和荣誉勋章的继承**

1. 公民获得的国家奖项以及《白俄罗斯共和国国家奖法》所涵盖的国家奖项不属于遗产的一部分。获奖者死亡后，将根据《白俄罗斯共和国国家奖法》规定的程序转交这些奖项。

2. 属于被继承人而不受白俄罗斯共和国国家奖项立法限制的国家奖项、荣誉、纪念奖和其他奖章，包括收藏的奖项和奖章构成遗产的一部分，根据本法典确定的一般规定进行继承。